U0049241

一位 娼妓 倖存者 告白

喵妹（顧紫安）著

失樂少女

我以緘默來保護自己不被人識破屬於邊緣社會的我，而後，再以遺忘來逃避自己曾經為娼的事實。然而，正因為在我心中對這個世界仍保有微乎其微的愛，相信在深井之口那陽光普照的地方，充滿了許多人們的善意。我努力握住每一雙向我伸出的手，讓自己變得更好，並成為他們之中的一個人。

推薦序

與命運握手言歡

慈濟大學東方語文學系教授　林素芬

總覺得和喵妹的認識，多少帶點兒魔幻色彩。根據我表淺的記憶，一開始，我們只是臉書（Facebook）上的朋友；她的貼文之所以吸引我，令人樂於閱讀，是因為其中總是帶著一種不同於一般人的視角：對生活有一份純真幽默，並隱隱流露出樂觀與自信。在一次貼文中，出現一張她與我的一位朋友的合照。當時只覺得因緣不可思議，豈知一段時日之後就接獲她來訊希望我為她的新書寫序；我一邊閱讀著讓人一再跌破眼鏡的情節，一邊很快地意識到其中記述的那位溫柔善解、令人敬慕的白雲老師，很可能正是合照裡我的友人！

後來喵妹告訴我，會找我寫序，是因為我們之間其實也是有一點淵源的。我們其實曾有過一面之緣！十五年前，她曾來過我的研究室……。她還提及幾位我熟知的舊日學生。我努力往記憶深處挖掘，在若有似無之間，腦海裡果然浮現出一些模糊的光影：很久很久以前某個學期初的某日，有一位怯生生的女孩，在這裡與我面面相望，容顏似曾相識……

然而，我的這點魔幻，比起她的經歷，真的是小巫見大巫啊！

她臉書上那些帶著天真、趣味、精靈般的日常紀錄，與這本傳記中懵懂無辜、不斷與命運拚搏的紀實，實在讓人難以想像是發生在同一個人身上。雲端上那位天真活潑、充滿幹勁的陌生女孩，忽然搖身一變成為這本回憶錄中那位被命運捉弄得遍體鱗傷的「娼妓」。我忍不住去向友人（白雲老師）求證。很自然地，得到了肯定的答案。

原來，世界這麼大，但我們的視野與想像，卻總是有限。她所曾經深藏心底的故事，對同樣身為女性的我，帶來那麼多觸目驚心與瞠目結舌；也讓我陷入沉思。如其自述，她用沉默來保護自己，用孤獨來成全自己；她的冷靜與極高韌性，她的聰慧，她的努力，著實讓人佩服！她獨對命運，盡力保全天賦之真，將她不幸墮入風塵的命運，逆轉成出風塵而不染，但求能夠完整地活出她自己。現在，她再透過書寫，來與命運握手言歡。

自傳中還有一些由於她的特殊體質帶來的神祕情節，連結了某些深刻的生命經驗，讀來猶如另一個「通靈少女」的版本。所有這些超乎我的感性與理性所及的種種「劇情」，不禁讓我想起一個以前讀過的宗教故事：一個小男孩問一位老拉比，《聖經》中記載的那些故事，比如亞當和夏娃、伊甸園、大洪水、諾亞方舟等等，是否都是真的？老拉比回答他：「孩子，我真的不知道一切是否就是那麼如實地發生；但我可以告訴你的是，這一切都是真的。」我想，即使我們不曾像喵妹那樣地經歷了那一切，並那樣地看待那一切，但我們仍然可以從閱讀這本書中，獲得許多關於我們生活的真相。

推薦序

理解與接納，自許成為被需要者的支持系統

文藻外語大學通識教育中心副教授　陳靜珮

距離記憶中獨坐角落的纖纖身影，已經超過十年光景，但始終沉默卻偶爾一瞥的眼神，仍然令人印象深刻。正式與喵妹的重新連結，源自多年前一張合照的出現，然而沒想到的是隨之流洩的辛酸史與照片主角背後潛藏的血淚故事。在那畫面的回憶中，原本應是單純快樂的事件，竟是一個未曾有過破綻的偽裝，一個人究竟要把自己的苦壓抑到什麼程度，才能夠讓曾經共處於一個時空的旁觀者都無法察覺到她的困境？

即使曾經擔任學生事務相關工作數年，在服務機構見過不少的學生事件，每

一紙弱勢學生的就學補助申請書背後，都各自書寫一段不同的生命故事，有的導因於個人意外事故或重症，有的是家庭突發困境而必須暫停學業，有幸回到眼前的固然令人欣喜，卻也難免有天人永隔的遺憾。對於喵妹的成長經歷與所遭受的創痛，我仍不禁默然，也感傷於未能當下察覺眼前這名年輕人的需求。因而獲邀撰寫序文時，即自許要以此表達對於「被害人重回社會人群，並且好好活下去」的堅定支持。

家庭與愛在喵妹的心中是生命價值的核心，否則不會因為害怕失去而身陷泥淖與滿身傷痕。值得欽佩的是，喵妹在受傷之後，仍然選擇信任這個世界，努力抓住每一雙向她伸出的援手，一步步擺脫黯黑經驗，建構自己的社會支持系統，並積極充實自我，成為一個具有跨領域素養、跨族群同理心的法律專業人，聽懂當事人需求背後的生命故事，並寫成各種訴狀為他們爭取應有的權益，看見其真正的需要並給予協助，而這正是我們當前社會所需要的良才！

忠實面對自己向來比面對他人困難，尤其在午夜夢迴、聲籟俱寂之時，幸而寫作陪伴喵妹走過荊棘與生命低谷，透過書寫而啟動的自我價值探索與療癒歷程，協助她走到今天。而今她進一步期望透過她的文字，將其生命中的悲傷故事轉化為正向能量的啟發樞紐。犯罪被害人及其家屬與朋友，或是想進一步知道如何走進被害人「視界」的所有人都適合閱讀本書，因為唯有理解被害人觀點與想法，才能換位思考、建立同理心。尤其家屬與朋友常是被害人與社會連結的觸媒與催化劑，唯有相關人等真正的彼此接納與和解，才能協助被害人及其身旁的人，重回社會人群與生活軌道。

喵妹自謙脫貧成功，事實上她早已能自食其力並深具專業貢獻，雖然心靈的創傷可能沒有終點，但透過文本的書寫與閱讀的連結，被害人的聲音與痛楚得有一個情緒共鳴區，這是喵妹另一層次的社會貢獻，願讀者能藉此得到突破自我困境的勇氣。最後祝福喵妹以及與本書有緣的讀者都能身心靈平安。

推薦序

愛、勇氣與相信的希望歷程

嘉義縣學生輔導諮商中心社會工作師　孫婉萍

首先要謝謝喵妹對我的信任，我想，要將自己不為人知的一面，赤裸裸地攤在別人面前，是一件需要極大勇氣的事情，更何況這歷程還是一連串社會文化視為禁忌的組合：性、暴力與犯罪。剛開始喵妹找我寫推薦時，我很訝異及疑惑：我不是名人何以找我寫序？甚至想幫她推薦更有權威的朋友寫序，但喵妹說：「我還不想出名。」並提到這是與性犯罪被害人有關，且招致災難的緣由並不是個意外等，因著曾由喵妹的臉書文字中稍微知道她的一點點生活經歷，讓我直覺這會是個很個人經驗的訴說，且她想訴說的是內心的想法及轉折，比較像是種對自我生命經驗的理解整理與回顧，感受到她對我的信任，相信我是可以不帶評價地看待她這個人與這些經歷，我答應了她。

當收到稿件，看到章節內容時，我必須說，我著實還是心驚了一下，雖然我曾經有六、七年與不幸少女（未滿十八歲，從事性交易、坐檯陪酒之少女）工作的經驗，也聽過少女們分享一些社會邊緣底層及特種行業中的特殊文化與行徑，但當看到我所認識嬌小柔弱、寡言恬靜如鄰家女孩氣質的喵妹，竟有這些經歷時，心中還是有許多的波動與不捨。波動的是，原來在我們同在的生活時空中，有許多我們以為不會發生或不知道的事情正在發生著，當我與不幸少女們工作的時候，當時所適用的法律雖然立法宗旨是以保護遭受暴力非自願的受害者，但在民國八十年代，我所接觸到的少女們多是自行離家而進入特種行業的，當時天真的我還以為那時的社會已經沒有逼良為娼這種事情；不捨的是何以喵妹當時沒有被法律的網給接住，離開那樣的生活與際遇。

「別人的經驗是故事，自己的經驗是事故」，但我很難用故事的角度去看待這一切，看完喵妹的自我敘說，我感受到的是一個愛家女孩切身的身心之痛，但因她對人性還有相信，以及想要完整面對自己的勇氣，讓她願意去回首生命中曾經有過的黑暗與不堪，接受那個很有事的自己才是真實自己之事實；願意去冒險透過書寫的過程，一次又一次經歷身體的不適，感受心中的悲傷、無力與憤怒，為的是讓自己的生命更真實、更完整，而非殘缺不全、支離破碎。

生命本就充滿不可預期與屬於自己的苦難，看完喵妹的自我敘說讓我相信，只要願意懷抱著愛、勇氣、相信與希望，就如喵妹自己所寫的：「我在寫下這個故事時，是要與這些心傷的經驗好好地說再見，為自己存在的價值重新定位，允許自己不再為體驗痛苦而存在。」

最後祝福喵妹與每一個正在受苦的人，給予自己更多的允許，讓生命朝向更美好的方向展開。

推薦序

領悟受苦的意義，找回生存的力量

大千醫療社團法人南勢醫院臨床心理師　魏芊蕙

這個故事，是透過書寫述說犯罪被害人如何走過黑暗與陰鬱的心路歷程。

喵妹是我在學期間認識的好友，後來雖然不常見面，她仍習慣以通訊軟體與我聯繫。有一天我們互相聊著生活與職涯規劃，突然她向我提起要把一段過去的遭遇，寫成能夠出版的書，那是關於面對黑道逼債淪落賣淫、受毒品控制、父母與手足親情間糾葛的故事。當時腦袋一片空白，心想看起來生活單純、不諳社交、不算計他人的喵妹，竟有這麼辛苦與複雜的一段經歷，心情有些沉重。

我所認識的喵妹是個善於以書寫表達自己情感的人，過去曾多次讀到她書寫的文章，喵妹總能對一件事情有相當透徹的理解，並將內心想法表達出來。雖然她在人際互動上有時顯得不流暢，但這並不影響我們的友誼。她的遭遇令人心疼，但對人生卻表現出積極的態度，樂於經營生活並分享真實的自己。

喵妹透過書寫以及自我對話，將內在的創傷感受轉化為安頓的力量，著實令人敬佩。她對生命的重視與珍惜，總是落實在自己的生活之中，從不忍殺生而茹素，到對工作中服務的對象兢兢業業，皆展現出她對生命與人性的尊重。儘管過去曾經歷複雜與黑暗、遭受他人控制的不安與焦慮，喵妹仍能真誠待人，活出自己的人生，並以自己的所學與專業知識，引領及支持需要幫助的人。

在我的臨床工作中，常需要面對創傷經驗的個案，協助個案們處理創傷帶來的壓力反應及生活面臨的巨大變化，這些經驗造成負面影響層面之廣大，可能造成情緒上的憂鬱焦慮、睡眠障礙、生活作息的大變動乃至於影響人際關係，變得膠著而難以履行家庭角色責任。這些影響就像一棟大樓被狠狠地破壞與碎裂，難以修復甚至導致不可逆的狀況，是很難透過想像得到的經驗。

帶著創傷經驗活著的人們相當辛苦，未成年時期的喵妹，曾壓抑住內在的恐懼，背負著家庭照顧的壓力，展現出家庭的高功能角色，勇於承擔超齡的責任，在自卑感與現實威脅的拉扯中求生存，還能夠領悟出那些經驗帶來的意義，是一件不容易的事情。

喵妹描繪與性創傷有關的黑暗經驗，有些沉重，或許還會激發一些憤怒及對人性的懷疑，但我認為她分享這些故事，並不是要將她經驗到的創傷轉移，而是意圖喚起社會大眾對犯罪被害人的重視，追求法律工作者的使命感。如此沉重的議題之創作並不容易，也希望有著與她相似經驗的人們，都能從受苦的經驗中發現自我價值，找到心的歸依。

期許讀者以不帶有評價的眼光，閱讀這個故事中所描述關於性犯罪被害人的經驗，進而給予身邊正在經歷創傷的人們更多的同理，更加珍惜生命。

自序

身為自己生命故事的敘說者

我是喵妹，一位曾在少女時期經歷性剝削的熟齡女子。當憶起這段往事時，我明白自己是一位「娼妓倖存者」。所謂的倖存，是指在經歷了災難或犯罪被害之後，不僅僅能夠維持身體無恙，也走向心理復原的狀態。

開門見山地說，這本書所要寫的就是一個「娼妓倖存者」的創傷敘說，且整個故事圍繞在我對於「性」的焦慮與疼痛經驗，然而，娼妓倖存者為什麼會認為自己有「性的創傷」呢？娼妓工作的本質，不就是提供「性的服務」嗎？

也許就像大部分的職業角色一樣，並不是每個人對於其所選擇的職業都能樂在其中，更多時候只是為了養家糊口，更何況相對於一般工作角色而言，娼妓這樣具有貶低意涵的特種行業，如果不是因為個人的選擇，而是因為受迫於現實的需求時，那種身不由己的感受則更加強烈。

我曾於少女時期幾乎無選擇餘地的身陷淫窟，當時未臻成熟的自我價值感，也不斷地在娼妓這樣的職業身分中受到歧視與羞辱的潛移默化，致使我自成年早期開始，每當對於記憶中齷齪的經驗感到焦慮不安時，便靠著不斷地書寫日常生活中的瑣事，使自己紊亂的思緒得以安定而生存下來。

對我而言，寫作的意義在於作者將其看世界的方式以各種文字的形式表現出來，無論是純粹的小說，還是一個故事，乃至於寫他人的故事或者紀錄性質的文稿等等，都或多或少可以看出作者所在乎的素材與議題。

然而，透過書寫而傳遞於世的訊息，多是經由作者個人對事件的概念化而形成，或多或少承載著個人的立場、觀點與情感，因此很多時候，素材內容之真偽或許無可考證，但若要讓書寫這件事成為有貢獻的行動，作者首要的任務便是使其故事成為有意義的。

我在這本書裡所想要寫作的素材，取自於自己在少女時期因為身處負債家庭，加上涉世未深，深信一旦自己脫逃，債主便會找上家門，外在的威脅與內在的恐懼，我非自願地淪落以媒介女子賣淫為主的集團工作之故事。

在這樣的產業工作的經驗之所以神祕，是因為旁觀者難以也未必想要知道身為娼妓的女性，究竟是自願還是非自願。當被媒介的娼妓是自願時，這就只是一個她們賴以為生的工作而已；反之，當被媒介的娼妓可能因為特定私人負債原因被強迫或被誘騙而進入此工作領域時，媒介者的行為就有了犯罪的那一層意義存在。然而，諸如此類遊走在法律邊緣的服務模式，由於其組成人員的複雜性，使人難以區辨究竟有無違法的交易行為發生在勞資之間。

我曾身為非自願被媒介的娼妓少女，自是以一種勞方對於自己處境的不敢言，而縱容了媒介者仰賴把我的身體當作交易籌碼而獲取金錢利益的觀點來敘述這個經驗。

我並不特別熱衷於文學小說而以自己的故事為創作題材，而是忠於從自己的人生際遇中尋找意義的故事敘說者，熱愛反思性寫作。故事之所以命名為《失樂少女：一位娼妓倖存者告白》，正因為在我為娼的少女時期，曾以保持緘默來拒絕他人接近我，進而發現我在邊緣社會中的真實樣貌。脫離娼妓之身後，曾有很長一段時間不敢面對真實的自己，選擇性遺忘了自己的黑暗經驗。然而，脫離邊緣社會之後的我，發現這個世界充滿善意的人們仍在多數，儘管內在無盡的自卑感和不安定，拉扯著我立足於陽光社會的勇氣，但我努力握住每一雙向我伸出的手，讓自己變得更好，並成為他們之中的一個人，一個完整的人。

在一個與恐怖情人（未婚夫）不期而遇的意外事故中，我再度認識了少女時期的自己，在痛徹心扉的情感經驗與身體受苦的處境下，我努力抓住曾經善待我的人們賦予我的力量，積極療傷而不是自我放棄。以創傷敘說為主軸的書寫，使我能夠清楚地看見曾經的自己在害怕什麼，以故事敘說者的視角，首度檢視自己的經驗是否如過去所以為的那麼骯髒齷齪。

在本書的每一個故事之中或是結尾，我試圖運用敘事中所著重的「意義」，使得讀者看見當受苦的經驗成為有意義的時候，一個帶著嚴重創傷經驗求生存的人，如何可以在尋找自我價值的歷程中，逐漸習得以無異於常人的方式，在社會中安身立命。

作為自己生命故事的敘說者，雖然整個故事是依照我在現階段所能記憶的經驗為其素材，部分情節內容可能未臻具體或有所缺漏，但我試圖以最接近真實的情感以及綜觀全場的視角，盡其所能地描繪發生在自己人生中的一段經驗，以及這樣的經驗在過去和現在如何影響當下的我看待世界的方式。

在本書故事中，貫穿整個對事件的記憶，多來自我著手書寫之前，在接受創傷經驗回溯的催眠情境下或練習冥想時的「再看見」。既然說是再看見，本身就具有回憶的性質，而非正在身歷其境，這意謂著我對於事件的來龍去脈，乃至於何以是如此的發展進程，在寫下故事的當下，已是「全知」的觀察者。

此外，「再看見」的過程中，經驗畫面往往是雜亂無章的，如何重新建構記憶圖像，使得故事具有清晰的時間架構，亦是敘事的一個重要功夫。我試著找出事件發生當下的「日記手稿」以及曾使用過的書籍裡的「塗鴉」，藉以拼湊出我所看見的經驗畫面。我既是故事的主角，也是故事的觀察者，每一個寫作的當下，我看著過去的自己在創造故事的整個歷程，思考著每一個經驗畫面閃過我腦海中時，它們要告訴我什麼樣的訊息，特別是與我當下所面臨的人生課題有所連結的。

我是一個跨領域的學習者，曾研讀語言、佛教經典、歷史、心理學、法律與犯罪學，因此我盡可能地以較多元的視角來敘說故事，讀者可能無法期待在這個故事中看見充滿華美語彙的文學小說，取而代之的是我對於個人生命際遇的感受和觀點。

曾經，我最重大的生命課題是不認識自己、不認識這個世界，因此，如果真的有宿命這種東西存在，我所經歷的一切生命經驗皆是由宿命所推動而發生。

什麼樣的宿命？可以說是透過將一個人推入充滿荊棘的人生際遇乃至於經歷悲痛、恐懼的情緒經驗，促使其必須持續不斷地投入不同領域的學習，來理解這些生命經驗對於突破個人課題之意義的一種命運。

身為一個有血有淚、活生生的人，在「關關難過關關過」的人生旅程中，我以無盡的血淚換取對生命的體悟，並持續不斷地尋找好好活下去的意義。本書故事結合小說創作的情感張力與反思性觀點為其特徵，使讀者能夠在進入故事敘說者的內在情緒經驗後，同時知悉寫作當下的我，對於事件本身的詮釋與解讀，從而看見倖存者的內在力量，如何因為良善的際遇與持續不斷的探索學習、反思整理而被開發出來，並以此故事陪伴仍隱藏在社會中某個角落的天涯同路人。

目次

推薦序

自序

楔子

好好活下去，讓受苦的經驗成為有意義的

第一部分：書寫的力量

每一個人都有著屬於自己的生命經驗，但為何社會中許多因著種種原因而受苦的人，有些人可以安然無恙地在社會中安身立命，有些人則會以不同樣貌的精神疾病向整個社會索取支持或表達抗議？受苦的人如何解讀他／她的際遇，使得每一個經驗成為未來的養分而不是干擾，透過書寫，不斷地重新整理自己的思緒，也許就是多數的人們都能夠嘗試的方式。

現階段的我，正在研讀法律，也從事法律工作，並特別喜歡探究刑事法規與犯罪議題。當我為自己的服務對象以書狀的模式表達他們所訴求的權利時，那一張一張的狀紙，都蘊涵著每一個人生命際遇中一部分的故事。

很多時候，與當事人談論他們的需求時，我看見的是，什麼樣的思考模式，引導了他們對於個人際遇的態度，特別是那些牽涉人身自由權益的當事人，在訴訟的過程中儘管立場堅穩，內心僅存的一點自信，卻被恐懼完全地侵占了，再小的事情都可能使他們有活不下去的極端想法。在這樣的片刻，我總在思考著曾遭人蛇集團所利用而淪為少女娼妓的自己，是如何在受苦的經驗中找尋「好好活下去」的力量——是書寫。

我很喜歡書寫，它允許我在安全的個人界域中釋放恐懼與悲傷，使我在自卑的童年與少女際遇中找尋存在的感受，當把書寫提升到分享閱讀心得的層次時，我也因此獲得獎勵，得到眾人的關注。本書故事所聚焦的黑暗經驗，發生在我的少女時期，那時候我也會運用書寫來緩和對未知的焦慮，它有時是課本一角的塗鴉，有時是少許的文字，有時是簡單的線條圖，或是用學校的測驗紙，隨筆記錄一些事件，夾進某一本正在閱讀的書籍裡。

那時候，日記是個祕密，我常常以只有自己能夠理解的方式記錄心情。儘管在電腦化時代來臨之後，我的塗鴉和日記手稿，在流浪搬遷的過程中，幾乎未存，但那些書寫的記憶，常常是我在受苦生活中力量的泉源，因為享受那個過程，所以我努力活著，被身體記憶的苦難，那積鬱的能量，從手中的文字和圖畫得到舒緩。

成年早期的書寫，是社群分享的形式，我以幽默而直白的方式表達自己，它使得氣質較不具親和力的我，更容易與人群產生連結。我喜歡透過書寫生活雜記，從朋友的回應中，看看他人與我看待同一件事情時的觀點，從而再一次整理自己對日常生活中各種際遇的感受，也明白自己適合與什麼樣的朋友建立更深遠的友誼關係。

第二部分：書寫對於犯罪被害人的意義

二〇二〇年三月下旬，我點閱了「南韓N號房事件」之報導及其評論後，內心忽然湧現了一股憤怒的能量，更早之前就想要出版以性犯罪被害人創傷敘說為主軸之創作的想法，忽然變得更加迫切，意圖對性犯罪以及性剝削如何造成其受害者身心痛苦之樣貌，乃至於容忍受壓迫者存在的社會氛圍，提出受害者視角的個人觀點。

當看見一些評論者試圖以日韓國家性別不平等之文化觀點來判讀此新聞事件之結構性因素時，有一種這個社會習於將犯罪事件的旁觀者責任，添加文化意識之題材後向外分散的感受，面對較為嚴重的犯罪事件，社會大眾則聚焦在討論死刑之存廢與否，而不是關注受害者重新適應生活的內在歷程，最終對於真正的受害者本身並無實質上的幫助。

曾身為娼妓倖存者也是犯罪被害人的我，忽然感受到眾人對於諸如此類之犯罪事件與個人生活之連結有一種距離感；當整個社會充滿著謾罵犯罪人的應報氛圍時，美其名是正義感的展現，然於實質上，正義感掩飾更多的是「個人恐慌」與「集體卸責」的意圖；在我心中遂有了一股衝動，想要以微觀的角度來描繪自己曾身為娼妓的生命經驗中，究竟看見什麼、感受到什麼、如何獲得重生的勇氣等心路歷程，以及於外顯的特質上，可能呈現出什麼樣的行為傾向，拉近旁觀者對於犯罪被害人之理解與包容，也意圖使得人們明白，關注受害者的權益與再適應的歷程，遠比探究如何透過懲罰犯罪人而降低犯罪率更有價值。

此外，司法界近幾年來之所以提倡修復式司法，很可能是因為發現到許多犯罪人都曾是被害人，卻在這些人身為被害人的當下或之後，因無法接近資源或沒有能力獨立在受苦的經驗中尋求意義，進而發展出不適應的行為，乃至於以犯罪人的樣貌呈現在社會之中。因此，在犯罪事件發生的當下，透過司法制度對被害人的主動介入或提供各類型的心理治療，使得被害人得以最低的成本取得資源，便顯得格外重要。

如果說敘說故事是透過書寫而使一個人得以在不受干擾的情境中表達自己，那麼修復式司法便是允許被害人在適當的引導中述說自己的感受換言之，是在安全的環境下，透過與犯罪人或其家屬的對話，讓被害人得以在「說出來」並獲得理解的過程中，彌補自己因犯罪事件而受苦的情感，於實質上就是在降低潛在的犯罪因子。

基於此，我想要透過寫一個故事，描述性犯罪被害人在事件發生的當下以及脫離險境之後的心理適應歷程，讓有緣觸及本書的同路人，知道我現在活得很好，並有餘力自受苦的經驗中，探尋其之所以發生的意義與價值，為自己找到好好活下去的力量。如果可以的話，也希望對於研究敘說故事如何療癒一個人的學習者或關注犯罪被害人權益的倡導者有所貢獻。

我一直認為，「好好活下去」的意義可以更深遠，它既是對至親或重要朋友、已故親人等，表達愛與珍惜的方式，也是對於曾經背叛自己、貶低自己、對自己不好的人們證明，即使得不到他們的尊重與善待，憑自己的力量，也可以活得很好的一種手段，而讓自己乃至於同路人的經驗被看見，除了拉近旁觀者對於犯罪被害人之理解與包容外，也是一種與自己和解的途徑；當受苦的經驗得以透過意義的探尋而昇華為正向的力量，那麼犯罪被害人將不再是無意識地表達抗議並向社會索取資源的那一群人，進而能夠透過圓滿自身生命經驗的意義而轉化為對社會有創造力的人。

第一回

快樂的包袱

快樂如果是有包袱的，那包袱一定是來自有生以來的記憶。

我是一個情感表達不多的人，人們覺得我很冷靜，跟我對話時，會發現我的理性多於感性，我能用很多知識性的見解，去敘述我的經驗，但那不是完整的我。

人後，我是一個極其感性的人，總是在聽到一些以表達人生悲苦樣貌為其歌詞的音樂時，就會不禁悲從中來。常常，那一天當中，並沒有發生什麼讓我難過的事情，甚至我可能才剛開心地運動，與朋友聚餐回來，洗過澡準備要就寢時，卻在短暫的時間內，情緒的轉變如此明顯，把眼睛哭得腫腫的，說是「前一刻還在笑，後一秒就在哭」也不為過。

我在想，無始劫來與有生以來之記憶，有著承先啟後的關係，但想要明瞭來自記憶所造成的情緒包袱，僅需探索今生的課題已足，儘管在我信仰內涵的一部分，對於前世今生、累世因果之類的說法有著很深的信念。

摒除我的信仰傾向不說，我是一個具有靈性學習天賦的人類，對於空間中非人、非實物的存在，我有很強烈的感知能力，特別是對於經歷屠宰而成為桌上食物的動物們，我總能感受到牠們生前所承受的身心煎熬，看見牠們受苦的畫面，無來由的悲苦穿越了我身上的每一寸細胞，很心疼、很難受。

我從有記憶以來，便拒絕吃動物性的食物，那是因為，一盤肉食放在我的眼前，我看到的不是它的美味，而是那隻動物在經歷被屠殺時掙扎的模樣，甚至聞到放血的味道，那畫面所帶來的沉痛太令人難受了。這一切的現象並不是透過佛教或其他鼓勵茹素的宗教告訴我的，更不是因為信仰而使我明白慈悲的意義，而是我自然而然感受到的憐憫。

然而，對於自己的身心，我常常處在一個游離於旁觀者的狀態，也許我的內在深知，去真正經歷受苦的情緒，太痛苦了，在我還沒有準備好要面對自己前，如果不是維持這樣的旁觀者狀態，我可能無法像現在這樣，活得這麼好。

我還知道，身、心、靈三者，是一個點、線、面的概念，當三者在我的生命中已然形成一個「面」時，我才會成為一個完整的人。在故事的一開頭強調我在靈性學習上的天賦，並不是要說我與你們都不一樣，反而是要說，我是一個有著嚴重身心議題的人，對於創傷的記憶，我曾有幻視、幻聽的現象，在已經是安全的生活空間中，我仍能看見傷害我的人的樣貌，但我的情緒控制能力似乎超乎人們所能理解的範圍，這使得我與其他同樣曾經歷嚴重創傷，而有著外顯身心症狀的精神疾患是不一樣的，他們對於內在深處的那一種沉痛，幾乎無法控制地以社會不能接受的樣貌表達出來，我看得懂他們的掙扎，也明白我的情感游離於身心之外的狀態，與他們某些人很相似，卻導向了不同的結果。我可以運用對無形空間的感知能力，將使我自己極其悲傷的感受，隔離於安全的界域之外，待我獨處的時刻，情緒才會浮現。

我曾不只一次地問自己，是不是我不信任這個世界的所有人，才會如此難以表達真實的情感？我是什麼時候變成這樣的呢？「忍」是一種美德，還是一種防衛？我想要這樣下去嗎？我喜歡這樣的自己嗎？又，是否一定要在人前表達最真切的情感，才能算是信任對方？如果只是無所顧忌地說出自己最黑暗、齷齟的經驗，卻沒有太多情感的表達，別人會如何看待我這個人，而我又該如何看待我自己？

語言、能量、書寫，是在這個世界中經常被人們用來療癒身心議題的途徑，在語言的界域中，我能夠清楚地敘述自己發生了什麼事，在進一步被引導的情況下，我能夠理解自己當前生活中的困境，其發生的緣由和脈絡，但這只是初步的自我整理。

在能量的運作中，我不會與眼前的治療師有太多的對話，但卻能夠使我獲得自在而迅速的情感表達。一年多前，我在運用能量療癒的治療師面前，沒有過多的語言暗示，也幾乎沒有對話地就直接進入像是被催眠的情境，我能看見很清楚的畫面，聽見畫面中人們跟我說話的聲音。我不需要再重述我看見什麼、聽見什麼，就只是任憑當下的感受釋放出來，能夠持續淚流四十分鐘而無法停止，是我生命中的第一次，在人前如此深刻地表達情感，因此，我明白，冷靜而寡於情感表達的樣貌，並不是真實的我，而是我的情感被壓抑得太深，在語言的界域中，難以在有限的時間內浮現出來，這也引發了我再一次走上療癒之路強烈的動機。

我曾經投入很多心力，學習傳統的語言諮商，但當我自己去體驗被諮商者的情境時，絕大部分的時候，我是透過他人的引導，而能進一步看見我所面臨的議題，那對我而言是很有意義的，但面對沉痛經驗的表達時，情感並不會在那個當下就浮現，這讓我感到很挫敗，我似乎不能接受這樣的自己。

然而，角色互換後，當我扮演諮商者的一方，我對當事人在語言中所要表露的情感卻比他們自己的感受還要深刻，往往當我遇到與我極其類似的當事人，他們同樣會在語言的界域中，也自以為沒有防衛地在跟我說話，在清晰地敘述那些令他們感到不舒服的事件時，沒有任何情感的表達，為此，我感到很挫敗，哦不，用挫敗來形容這種感受是不足的，坦白說，是很崩潰。我到底想要怎麼樣？原來我是如此深信著，如果別人不在我面前有情感的表達，代表他們不夠信任我，那我自己無法在信任的前輩或朋友面前表達真切的情感時，他們又是怎麼想的？會跟我一樣難受嗎？

傳統的語言諮商也鼓勵當事人用書寫「輔助」情感的表達，但對我而言，書寫並不只是輔助，它常常就是主角。當我一個人坐在電腦前，敲打著我生命中每一刻重大事件的紀錄時，我心中的沉痛已經不是淚流可以形容，而是身體的感受也在同時進行，寫到哪裡，痛到哪裡……對了，這就是我要的感覺，書寫允許我在敘說經驗的同時，就經歷了豐沛的情感，原來我只能與自己對話，任何人皆無法真正地進入我的世界，但這並不是要說，他們的存在是沒有價值的。

如果世界上不存在以傳統語言諮商為專長的前輩，沒有人提醒過我的防衛、不自在，我也無能為力走到認為自己是需要被療癒的人這一步，我會一直以為我沒有事。我是說，那些在我生命中使我感到悲傷、痛苦的經驗，確實仍在我獨處的時候，無時無刻地提醒著我它存在，但卻沒有讓我呈現出人們所熟悉的精神疾患者的樣貌，我以為我真的超越了，沒有事。但天知道我不是沒有事，我只是一個更為令人難以理解的精神疾患，這使我能夠比其他的精神疾患活得更好，甚至無異於常人。

你遠遠的看著我，覺得我很正常；近近的看著我，欸，妳這個人真的很奇妙，妳在說的那個被凌虐的小女孩真的是妳嗎？妳在講誰的故事？好吧，是誰的故事已無可探究，畢竟故事本來就是過去式，但能被說出來的故事，就像在看一部紀錄片一樣，人們在講述發生在另一個人身上的悲慘故事時，一樣也會經歷到相當程度的悲傷，因此，缺乏情感的表達，未必是判斷我在說誰的故事唯一的標準；更確切地說，正因為它就曾經在我生命中的某一個階段發生過，難以承受的沉痛僵化了我的情感，越是不自然的表達，越是在說我自己。理解與詮釋的過程並不會改變故事的本來樣貌，只能改變我看待故事的方式。

這也是我一直以來很害怕被大部分的人們接近的原因吧。曾經，我害怕被人們知道我的黑暗經驗，期許著他人欣賞我所表現出來的樣貌，那是一種自以為的社會期待，我必須潔身自愛、孝順父母、友愛手足、善待同儕、尊敬師長。後面兩個必須，對我來說可以是理所當然的，因為在我生命中的很多時候，我也同樣接受著同儕的善待和師長的疼惜，就我所得到的東西去給出並不困難，但前面三個必須，卻是相當沉重的。

自從淪為娼妓的第一天，我就覺得自己不再乾淨，恐懼被家人嫌惡，擔心著母親情緒崩潰後影響到家庭的完整性，怨恨父母的無能為力，厭倦凡事錙銖必較的手足。犧牲成就了孝順的表相，卻不是基於我深切地愛著他們而做，換言之，那一切的痛苦，並不是基於愛，而是恐懼得不到愛。

漸漸的，我試著想要說出來，卸下被家庭價值觀禁錮自我感受的那一份沉重，但我仍然擔心著這個社會將如何看待我的真實樣貌，特別是那些試圖追求我成為婚姻對象的異性朋友們，他們必定會在乎我的黑暗工作史以及人工流產的經驗，將如何影響個人的身心健康以及身為女人傳宗接代的能力，但這是無可厚非的，與其浪費彼此時間走過熱戀到婚嫁的過程，卻又敗在對方家人的疑慮，倒不如一開始就坦承自己將可能無法承受傳統婚姻的期待。

我難以在敘說自己黑暗經驗的同時，真切而迅速地表達情感，卻又期望著他人信任並協助我接納自己的經驗，絕大多數的人們，無法理解我這個人腦袋裡到底裝了什麼，是我天真地想要探測靠近我的人，看看誰是我真正的朋友嗎？誰能夠在聽見我為娼的少女經驗後，仍能用不帶有評價的眼神看著我？真是可笑，前面兩次與異性朋友交往的經驗，分別在不到半年的時間內就結束了，我愛不了自己，誰能欣賞我？

「論及婚嫁，先小人後君子，我曾經做過特種行業四年多，被上百位男人用過的，你不介意才來。」

「我沒在怕啦，我愛妳現在的樣子，一切都很好，妳不會有事的。」

我以為我已經準備好，但說出事實之後的日子裡，彼此間的猜疑越來越多，感情變了色調。人後，我哭了，覺得這世界上再也不存在能夠接受我真實樣貌的感情對象，但人前，我仍咒罵著說，我一個人也可以活得好好的，才不稀罕你的貶低。我採取了另一種極端的方式表達了恐懼得不到愛，卻沒有覺知到對方回應我的方式，事實上仍是我內在害怕被嫌惡之狀態的一面鏡子，是我，選擇了他回應我的方式。

分別在距離現在八年前和七年前，我兩度遇到了為娼時期所認識的未婚夫，被威脅以履行婚約或至少成為他的性伴侶，來作為保密黑暗經驗的唯一條件，我因而捲入一場使我身心煎熬的訴訟，就像是在提醒我，妳不是一直在擔心失去情感表達的能力嗎？那就讓妳痛得更徹底一點，把妳內在因過度堅強而藏起來已久的脆弱再度拉回來。

是的，哭得好痛快，那有意識地成為犯罪被害人的兩年間，我哭掉了十年份的淚水，吞下了我一直以來深信只有瘋言瘋語的精神病患才會服用的藥物。有了病識感的我，真的很痛苦嗎？倒也未必，重獲情感表達的能力，是一種無以名狀的快感，它依附在這使我難受的身體疼痛和情緒經驗之中，旁觀者以為的不好，卻是我想要的好，久違的身心整合狀態，因極端的悲傷而得以重現。

曾有還算瞭解我的的朋友問道：「妳覺得自己快樂嗎？」從未思考過這個問題的我，不希望自己就像父母一樣，有著無來由的抑鬱傾向，不假思索卻帶有防衛意圖地回應說：「大部分時候還算快樂吧！至少我想要做什麼，都能夠靠自己的力量去成就！」

「我指的不是有原因的快樂，而是什麼事都沒有發生時，妳能感受到快樂嗎？」朋友再一次質疑地詢問，我也感到自我懷疑了。

到底，怎麼樣可以在什麼事都沒有發生的情況下，自然而然感受到平靜而快樂呢？這種感覺既像是陌生，又像只是久違，我想起小學時代的自己，除了在團體生活中，有原因的受到同儕欺凌或受到大人壓迫時而感到焦慮外，其餘自己一個人的時間，似乎都還能夠自得其樂，然而，這種感覺何時隱退為我的一個背景經驗呢？那不是應該隨時隨地能夠在自主的情境下被創造出來的嗎？

經過很多年的身心議題探索，事實上我早已明白自己的快樂總是有包袱的，儘管在各方面的表現和成就上，獲得自己想要的評價並不困難，但得到之後的那種快樂常常是不真切的，總覺得人們對於我這個人的讚美，就像是隔著有霧的玻璃窗在看著我，而不是因為真正瞭解了我的一切而接納我的全部，我心中有個矛盾，既想要被透徹地瞭解，又總是擔心壞了好事。

打從我在十五歲後期，以性交易的目的不得已地接受男人侵犯我的身體開始，我便習慣性地自我貶低，也深信沒有人會由衷瞧得起我，儘管在為娼的當下，我隱藏得很好，還是學生的我，能夠做到讓師長和同學對我的處境皆不知不覺。想要讓自己看起來很正常的代價是很沉重的，我在學校越來越不敢說話，忘了多久以後，我真的越來越說不出來。我小心謹慎地與我所在乎的人們進行言語上的交談，給人一種「放不開」、「不愛笑」、「缺乏親和力」的既定印象。

現在已是熟女年齡的我，氣質中仍有著無染的女孩子氣，說話輕聲細語，沒有專業形象的包裝，我在人群中常常顯得沒有分量，對我不熟悉的人，總以為我什麼都不懂，甚至曾有人認為我看起來不像是這個世界的人。

事實上，我常常覺得自己知道的太多，三十五年的歲月靈魂中，像是藏著活過七十年的人生經驗。人們對我有很多的不解，並不是因為我行為怪異，而是我表達的方式，有時像是個天真無邪的孩子，有時卻又像個歷盡滄桑、心思縝密的老人。我不易融入人群，不愛跟人談論娛樂和品牌。我若不開口，可以一整天一個人孤僻而專注的在工作和書本上，一開口卻也能夠滔滔不絕，與人暢談交心，並且，能夠交心的朋友，常常是對於生命本質與靈性探索之議題，有著深入瞭解的渴望。

曾有一位觀察者對我說：「當我看見妳在社群網站上分享日常時，一開始會覺得妳是一個天真、沒有心機的人，好像什麼都可以說；但看了再看，又似乎還有什麼東西隱藏在妳所說的那些事情之後。而真正和妳談話時，不知道為什麼，會發現妳的想法其實是深沉的，很多事情，妳並非未經深思熟慮而作出如此表達，而是妳好像可以懂得人心更深一層的東西，但我說不出來妳知道什麼。」

我知道什麼？社群中的書寫，那是我用以隱藏我真實樣貌的方式，我以為我能夠跟絕大部分的人們一樣，透過分享生活中的日常，表達出一種我過得很好的狀態，但我真的太自以為是了，純潔與複雜、快樂與悲傷、真誠與虛偽、堅毅與脆弱，常常是一體兩面的。

純潔無華的外表氣質，並不能證明我不曾經歷黑暗與複雜；敘說著自己的快樂，並不能掩埋我無來由的悲傷；真誠的文字與語言，更不代表我的內在沒有虛偽表達的意圖；堅忍的性格，是由被壓抑了的脆弱堆砌而成。外貌、行為等表象，總是依循著大環境的價值觀而獲得它的意義，傲慢與自卑的依據，皆來自於評價，評價創造了自我，自我吸引了評價；我以為的我自己，也是在這樣的機制下被刻畫出來。

人們若願意主動找我聊一些在她能力範圍可以有所貢獻的話題，會發現我是個對事情很有想法但不喜歡有所立場的人，期望可以更深刻地進入他人的世界，可以說我喜歡被需要、被看見的感覺，同時也希望從他人的回應中更清楚地看見自己。如果說，自己的內在就是周遭世界的一面鏡子，能夠看見自己就會進一步明白世事運作的規律。

對於表達少女情懷的物品，我有著特別的愛好，就像內在還藏著童心未泯的小女孩，喜歡抱著軟綿綿又可愛的卡通動物玩偶一起睡覺。儘管我現階段的工作角色於大部分的時候是提供法律服務，不時為了使命感以及服務對象的利益，待人處事態度謹慎且深思熟慮，溫和的氣質下有著嚴肅而自律的生活態度。有時我會對自己的服務對象扮演指導者的姿態，事實上我並不很喜歡自己如此，但當面對身處經濟弱勢的服務對象，會讓我想到過去的自己，不由自主地想要教導他們較為保守的金錢態度，真切地期望不要再有人因為貧窮而陷入受壓迫者的困境。

玩偶們滿足了我無法信任親密關係的空洞感，把它們抱在懷裡，就好像在擁抱童年及少女時期失落的自己。我總是把玩偶們當作自己的小孩一般與它們對話，想像它們是缺乏安全感、喜歡討大人抱抱的小孩，想像著自己是一個被大人呵護的小孩。

「小寶貝今天開心嗎？媽媽抱抱！」當我對著心愛的玩偶們這樣說話時，心裡暖暖的。曾經想要而得不到的記憶使我感到失落，理性的我視這些掙扎的過程為自己成長茁壯的養分，但感性的我，每每回想起來自己少女時期的風風雨雨，或看見自己認識的人們陷入類似的困境時，心中仍然百感交集。

我難以真正地融入人群，人們也通常不會把我當作出遊或飯局的伙伴，只有在需要我時，才會與我交心、談話，可以說我對很多朋友而言，是一個功能性的存在。有時我似乎喜歡自己如此，不易受到邀約而產生不知該如何拒絕的困擾，但有時看著他人互相融入彼此如此自然時，也會感到孤單、羨慕。

也許你想問我，為什麼我要強調表象與本來樣貌的一體兩面呢？坦然地接受別人對妳的評價有什麼問題嗎？那是因為，已無從追究從哪時候開始，我一直感覺到自己有一種莫名虛偽的意圖無時無刻地徘徊在真誠的行為、態度之後。怎麼說？

過去很長一段時間，我常常覺得自己待人還算真誠，或者說至少不會基於功利的原因而偽裝自己的喜好或掩飾自己的不悅，但真誠的定義又是如何呢？如果就當下所發生的事情、所感受到的情緒不加思索地以「現在進行式」的文字表露出來，讓我能夠信任的朋友明白自己對事情的觀點和感受，算是真誠嗎？又，一個真誠行為的背後，是否被允許有著其他無法覺察的目的呢？

成年早期的我，愛上了真情流露、社群分享形式的文字書寫，雖然很多時候是毫無意義的記流水帳，僅公開於特定朋友之間，許多曾身為讀者的朋友，也因此覺得我這個人生活態度很正向、很上進。然而，當朋友給予我諸如此類的回饋時，我常常覺得自己是不是很虛偽，為什麼從他人的評價中，似乎找不到我以為的自己？

很多很多年之後，在我二十八歲時，因發生了與曾訂有婚約的男人不期而遇的意外事故，我逐漸看清楚了那個被遺忘的自己。並不是未婚夫直接告訴我已被我遺忘了的那個自己，而是未婚夫的出現，讓我清晰地想起了曾經是娼妓少女的自己，以及我們之間彼此認識的緣由與歷程。

我終於明白，那真誠的背後更多是刻意「遺忘」真正的另一個自己是什麼樣子，因此，我一直企圖在做的一件事情，就是以書寫「當下」來隱藏「過去」。對誰隱藏？對自己隱藏，也對自己所觸及的人群隱藏。所謂的隱藏，並不是隱藏我「當下」真正的價值觀或人生態度，而是掩飾那個其實不為人知，連自己都不想知道、不想再看見的「過去」。

在我二字頭的年齡中，就因緣際會地開始接觸靈性療癒，原本所謂的療癒，就是要正視自己的黑暗經驗，看看自己什麼原因對生命歷程中的某些時間點，記憶彷彿出現斷層，又為什麼即使獨處時，仍沒有勇氣細看自己身體上屬於女性特徵的器官，彷彿在腦海中的記憶、在身體上的印記，承載著什麼見不得人的事情似的，但我卻曾本末倒置地視厭惡性事為一種美德，喔，美德不是我說的，是父母告訴我的。

曾經，我對於記憶中的黑暗經驗有著淺淺的印象，但總想不起來那些事情，究竟是不是發生在自己有生以來的這個生命之中，如果前世今生真的存在，多麼希望那些經驗畫面只是在某一個前世發生過的。

前世的記憶，會因為尋找新生命的靈魂喝了孟婆湯，不明原因地消失，但如果那碗湯的效用沒有完全被發揮出來，這些記憶就會像躲迷藏般地忽隱忽現，既是干擾，也是養分。

剛開始接觸靈性療癒的幾年，我仍沒有勇氣面對真實的自己，只是單純的喜歡體驗那種像是來自另一次元空間的力量，讓自己在疲憊的工作生活中，偶爾透過把心思專注在這些令人舒適的感受中以暫離塵囂，或者透過這些方面的探索學習，試圖把自己所遭遇的問題，一股腦兒地往曾經使我感到受傷的家庭推過去，使自己免於直接面對事實上憑個人力量仍有選擇餘地的生命責任。另一方面，當我把心思專注在這些有趣的體驗中時，似乎還可以更加遠離連自己也不太確定有沒有發生過的「過去」。

然而，沒有說出來的、被遺忘的，不代表就沒有經歷過，我之所以說自己曾是將靈魂游離於身心之外，就像個缺乏「存在感」甚至是「現實感」的人類，是因為在我成年早期，有過很長的一段時間，我的記憶彷彿出現了斷層，我不太確定我在這個世界上活過了幾個年頭，生命中的某些時候我在做什麼，我想不起來。那時候的我，有時像個成熟的大人，有時又像個天真的孩子，人們對我感到困惑而好奇，他們會心一笑，倒也無傷大雅。

童年時期的我，總是會跟「無形的存在」說話而不是跟人類說話，看起來就像是一個活在幻覺中的小孩，曾被認定為有思覺失調症（舊稱「精神分裂症」）的傾向，當我發現他人聽不懂、看不懂我的言語和行為，甚至對我貼上「不正常」或「有病」的標籤時，為了不要造成自己和大人的困擾，我由主動表達退回了被動聽從，由胡言亂語轉變為謹言慎行。

少女時期的我，曾是淪落人蛇集團、被迫以出賣身體的方式，清償父母債務的娼妓，更確切地說，是我深信若不那麼做，父母的生活就會不斷受到干擾，或是突然地消失在這個世界上，與其眼睜睜看著悲劇發生，不如自己冒險成為那可能「被消失」的家庭成員，以免往後的人生在愧疚中活得生不如死。

我曾是這樣一個愚孝的孩子，恐懼踐踏了僅存的理性，任由權威一方非法的恐嚇與不合理的要求，把我逼到像是沒有退路。既不甘願自己受到汙染，卻又沒有勇氣脫離困境的狀態，使得我與人群有著一定程度的疏離感。

初夜之後，我更無時無刻擔心著若放棄服從黑道勢力的安排，我所做的一切將會被公諸於世，想像中的羞辱感，使得我寧可繼續受苦，也不敢求助於任何我能信任的人們。

我在人群中的疏離感並不總是在有意識的情況下發生的，而是我常常覺得，想接近人的意念又恐懼被看得太清楚的心思，像是互不相容的兩股力量，持續不斷地拉扯著，使得我幾乎能夠感覺到自己與每一個人之間隔著一層看不見的玻璃窗似的，所有的人都可以看見我的存在，我也明白自己身邊的人在乎什麼，但我進不去別人的世界，別人也難以理解我的世界。

精神疾患的標籤與娼妓少女的身分，這種帶符號的生活經驗，幾乎占據了我整個童年與少女時期。而後於成年早期，基於一種生存本能，在我逐漸脫離了這樣的生活方式之後，便「選擇性遺忘」了曾經的自己，但真的有忘得很乾淨嗎？似乎並不盡然，否則我不需要以書寫「當下」來隱藏「過去」。

於意識層面上，我總會在壓力情境下或某些重要時刻裡，在我腦海中或甚至就在眼前，浮現一些發生於少女時期齷齪經驗的畫面。那些記憶圖像常常是片段的，我總以為只是幻覺，但內在的某個層面，卻又不堪其擾，似乎明白那些事情真的發生過，但為什麼如此模糊不清呢？

總在夜深人靜時，我禁不住陷入思索，那個被他人評價為正向上進的人是自己？還是那個屢屢出現在幻覺或夢境中，骯髒黑暗、任人踐踏羞辱、總是想著如何可以突然消失在世界上的陰鬱小女孩是自己？如此反覆思索多年，我仍然得不出答案。可以說，我不太認識自己，也不太認識這個世界。

自從我的身體第一次被人玷汙了之後，於內在的某個部分，我似乎拒絕成為一個真正的大人。然而，說是拒絕成為大人，似乎意謂著我對於自己如何脫離受壓迫者的心境，有著很大程度的選擇餘地，這對於少女時期乃至於成年早期的我而言，似乎又太過沉重了一些。

在我心中常有一種矛盾，我總羨慕著與我差不多年齡的女性，能夠由裡而外自然展現出成熟女人的魅力，乃至於母性的特質，而我卻一直被當作女孩子看待，卻又對於成為真正的女人有著無來由的抗拒。也有人會說，被人以為比自己實際年齡年輕很多不好嗎？倒也不是。年輕也可以是成熟的，但別人對於我的感受，卻是因為我的氣質不夠成熟，或以一種不被期待的方式回應他人的話題，而以為我很年輕。

然而，那種既渴望變得更加成熟、完整又不甘願失去天真的滋味，就像是落入深井的小動物，在太陽出來的時候，看見井口的陽光，明白脫離深井的方向，但總在還沒有順利脫困之前，黑夜再度降臨，失去方向，回到原點。

我有一個經常為小小的事情就情緒崩潰、歇斯底里吼叫的母親，我害怕著自己有這種情緒障礙的基因，因此致力於隱藏自己的陰暗面，希望透過滿足自以為的社會期待，好讓自己遠離這個基因特質將在之後的人生際遇中顯露出來的可能性。

然而，個人力量之薄弱，終究無法阻擋自己來自基因注定的那種精神症狀傾向，自從童年時期第一次被貼上精神疾病的標籤後，我就開始以沉默來面對人群，試圖將被人們識破自己基因缺陷的那個真實自己之風險，有意識地擋在身後，時而顯現，時而隱藏，特別是在我成年之後，幾乎沒有人知道我有著這一面不為人知的陰影人格，這意謂著，我已經有意識地將自己偽裝得很好。

少女時期的我，在父母因負債跑路之後，自己奮不顧身，暗地裡隱瞞家人、背叛曾經對師長的承諾，出賣自己的身體為黑道人士所經營的人蛇集團工作，滿足他們將年輕女性的肉體作為獲取金錢利益的工具。更白話地說，我試圖以拯救父母的姿態，允許自己與黑道大哥的客戶（後面的故事以獵人或狩獵者稱之）進行身體交易，並身陷其中。

黑道大哥看著白白淨淨、天真無染，還懵懵懂懂自願賣身的我，很是滿意，願意好好訓練我成為一位職業娼妓。這樣的日子一過就是四年多，為我的青春年華蒙上一層陰影。

然而，我的自願卻是建立在被黑道大哥威脅恐嚇之下，他似乎可以輕易地從我的形貌和表達方式中，看見了一個不諳世事、一經恐嚇即深信自己別無選擇的純淨少女之心。更確切地說，黑道大哥是一個識人無數的人，他明白要用怎麼樣的說詞，誘騙像我這樣的少女，使我在感受到自己與家人的生命安全受到脅迫的情況下，將權威一方的引導，內化為自己的信念。

儘管我在人蛇集團工作的期間，不曾遭到非法的拘禁，且能一如往常地到學校上課，但如此平凡的表相，卻正是我一直以來想要維持的生活狀態；黑道大哥看著我聽見自己將被媒介為性工作者時驚恐的反應，以及相較於同齡少女而言，顯得笨拙又膽怯的言語表達，他深信當時在他眼前的我，會是一個一經玷汙就無法原諒自己、來自傳統而保守家庭的乖乖牌女孩，明白只要成功地誘導我出賣自己的初夜，我將因害怕自己被嫌棄，而依照他的期待，逐漸失去脫逃困境以及揭發犯罪的勇氣。

在人蛇集團工作的期間，我變得更加對屬於陽光社會的人群關係保持沉默，一方面是為了要守住自己一直以來被期待為品學兼優的學生之形象，另一方面則是避免被人們注意到我的言行舉止可能會不經意顯現出邊緣社會的表達方式。

不知道是因為傳統華人文化對於未婚女性的期待，還是我的父母獨有的價值觀，抑或是我自小成長歷程中，總是獲得潔身自愛的評價之包袱所致，為我造就了一個受到傷害還必須以內疚來面對社會的性格，並且，我的言語反應與氣質形貌，彷彿還記載了這樣的行為傾向，清楚明白到能夠被黑道大哥一眼識破。

潔身自愛與骯髒齷齪真的是兩個極端的概念嗎？在我深信自己身心受到汙染的那些年，仍不時有一些長輩朋友以「妳好可愛、妳看起來好乾淨」之類的形容詞，來描述他們對我外表氣質的第一印象，但，我總覺得他們的讚美是在敷衍我，也不曾由衷相信那些讚美之詞，難道他們真的看不出來我衣服底下藏著的是汙染甚深的身體嗎？

那時候，我常常看著鏡子，揣測自己是不是一位演技很好的演員——總是在發炎的下體，和被咬到破皮、似乎永遠也無法完全癒合的乳頭，又癢又痛。白天我把自己緊緊包裹著，總是穿著兩層內衣並習慣性地使用過長的衛生棉，只有在黑夜中才有勇氣哭著為自己的傷口擦藥，也越來越害怕在洗澡的時候，從鏡子裡直視自己的身體，那跟很多人以為的我，形成強烈的對比。很久很久以後，我才逐漸相信，儘管有生以來已歷恆沙之劫，但「無染真心」才是我的本質。

如果說在父母陷入黑道債務之後的我，因家道中落而強迫自己長大，扛起屬於這個家庭成員的一份責任，是一個「社會化」的歷程，那麼從娼妓之身返回陽光社會，並培養自己有能力從事正當工作的那些年，就是一個「再社會化」的歷程。

我之所以在經歷了充滿荊棘的生活條件下仍能好好地活下去，重拾信任這個世界的勇氣，順利地使自己再社會化，進而持續不斷追尋自己所想要的生活方式，勢必在我成年之後的人生旅程中，發生了對我而言有相當程度影響力的改變契機，至少我自己是這麼認為的。

在我找尋自己的療癒旅程中，最具有引導改變之意義的貴人，其一是大學老師，以真誠的對話，使我在成年早期逐漸有了走入人群的勇氣；其二是檢察官，以細膩的觀察力突破我的心防，使我明白自己的無知與恐懼，才是任由他人侵犯自己身體權利的萬能鑰匙，也開啟了我第二個職業天賦，成為提供法律服務的工作者。

我的人生活到此時此刻，已經算是脫貧成功，有了屬於自己的資產。然而，物質層面的擁有，並不總是能為人生舞台創造出喜劇的效果，如何讓自己感受到真實的快樂、平靜，仍然是我正致力於探索、嘗試的一個未圓滿的課題。

持續培養自己投入喜愛的運動，在鍛鍊身體的過程中享受擁有健康的生命之喜悅，帶自己接觸大自然，偶爾練習靜坐與冥想，允許自己撥出一些時間，聯繫我心中仍然掛念著的朋友，是我一直在努力的方向，我還算喜歡這樣的自己。

第二回

改變的契機

「倖存」有著從災難中「生還」的意味，強調自己是倖存者，就意謂著所經歷的事件，是會隨時致人於死的境地，但如果只是身體存活，但心靈已然枯萎，算是真正的「倖存」嗎？

未知生，焉知死？

未知死，焉知生？

如果說，未能明白人生的道理者，遑論死後的世界，又為什麼許多曾經歷死亡之境的人，特別珍惜生命呢？當然，明白如何生，未必需要經歷死劫，但死而復生者所經驗到的感受，就像是所珍惜的東西，遺失後又復得，又，懂得好好活著，不僅是致力於自己各種角色的任務，也包括透過維持身心健康來提升整體生活品質。

在我為娼的日子裡，經常處於心死的狀態，之所以說自己是倖存者，是基於我順利地脫離了娼妓之身後，也與底層社會的生活格局漸行漸遠，透過積極爭取受高等教育以及終生學習的機會，讓自己的社會階層向上流動，這對一個因來自負債家庭而曾誤入歧途的女性而言，並不是一個理所當然的奮鬥歷程。

離開邊緣世界後，讓自己成為一個能夠靠正當工作立足於社會的人，是生涯發展的首要任務，大學畢業後，因一場重病的領悟，我漸漸把自己只想要不斷累積資產的信念，提升到盡可能在兼顧身心健康的條件下逐步完成夢想，也因此很長一段時間，持續透過身心靈課程的體驗和學習來自我探索各種人生的可能性，並盡可能執行有助於身心健康的生活型態，雖然至今尚未真正完成這個任務，但我心裡知道，自己活過的每一天都在持續成長進步。

雖說我曾有著受壓迫者的宿命，卻又總是在人生的每一個過不去的關卡中，出現一個讓我得以有勇氣改變的際遇或貴人，感覺整個生命的旅程，總是當被推進了罪惡的沙漠而迷失方向時，就會遇上提燈的旅人。

在我剛滿二十歲時，是一個即將從專科學校畢業的學生，因為人蛇集團首腦的黑道大哥得了肝癌三期末，而結束了這個屬於底層社會的工作生活。沒能夠在人蛇集團工作的期間被喜歡自己的獵人帶入婚姻、走入另一個家庭，反而順利地從就讀的學校畢業了，似乎是一個不可思議的結局，但已經習慣了這種生活方式的我，難以信任自己有能力在「陽光社會」中找到新的工作，對未來感到茫然、焦慮，不知道下一步該如何前進。

就在這個時候，黑道大哥知道自己的病情並不樂觀，不久將要離開人世，不但享用不到自己藉由誘賣來自負債家庭的少女或媒介無能力從事一般工作的外籍女子賣身所獲得的巨額財富，亦等不到一對兒女完成學業、功成名就，其內心被遮蔽已久的良知，有如迴光返照，竟然有了一種自知之明，深信自己以這種方式在不惑之年就走到了人生的終點，是遭到了「現世報」的報應，想起被自己誘賣的少女中，有一位叫做喵妹（或小喵）的女孩，竟然在披荊斬棘的生活條件中任性地完成學業了，黑道大哥忽然對我起了憐憫之心，想要視我為他的乾女兒，將無法期許自己子女完成的願望，寄託在我的身上。

有一天，在準備上工的路上，我接到一則集團幹部蜜糖姐姐傳來的簡訊，被通知要去到一個祕密聚會處所，說是黑道大哥有事情要交代。

蜜糖姐姐曾是在我十五歲時，帶領我進入集團裡工作的熟齡女子，她的工作角色，人們稱之為「媽媽桑」。一直跟在黑道大哥的身邊工作，這樣的職務意謂著，一個女人從甫入行「賣身」的身分，到年紀稍長或已婚之後，轉變為協助集團媒介、引導新進女子適應工作的角色。對我而言，她既是壞人，也是好人，如果沒有她的存在，僅憑我在父母不曾正面談論性事的家庭中成長的經驗，還真不知道該以什麼樣的方式面對那些有著不正當性幻想的獵人們，也不明白性交易工作者的角色，究竟是要提供什麼樣的服務。

蜜糖姐姐曾提及她自己的債務問題並非直接與集團中的任何人有關，有著自願進入集團工作以獲取較高收入的目的，因此娼妓工作對她而言，只是掙取生活所需，並無自我貶低的意圖，也並非別無選擇，且對於集團中非自願從事性交易工作的女孩，她一直兢兢業業，扮演著引導者的角色。

媽媽桑這樣的職業角色算是助長犯罪的人嗎？如果自願便不算犯罪，那引導非自願工作的女孩從事性交易又該如何定義？儘管當時她是已婚的女性，仍繼續幫助黑道大哥引導被誘賣的女孩適應屬於邊緣社會的工作生活，惟未曾有機會目睹沉淪的女孩被喚回「陽光社會」——絕大多數曾進入此職業領域的女孩只有越陷越深，從被迫或不慎沉淪到自我放棄。因此，當她發送簡訊給我時，她也不知道將要發生什麼事情。

來到了指定地點，進門之後，最先映入眼簾的是一個高貴而沉重的木製圓桌與同色同質的椅子，但黑道大哥卻坐在醫院的輪椅上，椅子的上方並吊著點滴。那個景象顯得格外悲傷，似乎擁有這些資產的人，將在很快的未來，不再能夠享用他所擁有的一切。

黑道大哥看見我真的去赴約了，語重心長地跟我說：「妹子，大哥這世人沒有什麼大願望，只想把自己的一對兒女扶養到大學畢業，希望他們的未來，不要走上我的後路。我年少時父母也是債務纏身，身為長子，我別無選擇，不敢有夢想，只能想辦法解決眼前的問題。」說著，似乎因為氣力不足，又陷入沉思。

我愣愣的聽著，很害怕地不敢有所回應，或詢問他提及此事的意圖，身體僵硬得有如眼前的木製桌椅一般，在空調溫度足夠涼爽的空間裡，卻感覺到自己汗水直流，想坐下來仔細地聆聽他的故事，卻又不自覺地一直站立著。儘管緊張的情緒讓我感到疲累，卻禁不住內心的好奇，並隱約地感覺到在這樣悲傷氛圍的聚會之後，我即將被帶往重生之境。

黑道大哥並未察覺到我已經有點恍神的狀態，當他從沉思中再度回過神來時，繼續說道：「當時我在學校的成績很好，曾嚮往進入大學的文學院，但為了扶持家計，只念到高一。失學後，我對自己的際遇感到不平，尋求各種快速累積財富的方法，創立了老鼠會吸金失敗之後，才加入了擁有地方勢力的幫派，繼續為非作歹，賺到了錢卻找不回當初學習的鬥志。」聽到此，我依然似懂非懂，不明白他為何要在我以及四個集團幹部面前提起這段往事，彷彿是在對家人交代後事。

黑道大哥說著語塞，眼神充滿懊悔，卻不想輕易流下男兒淚似的，以停頓來整理自己的思緒。再度開口說話時，露出了讓我感到特別陌生的和藹笑容，但笑容中又帶有悲傷，眼神像是開始聚焦在他所要表達的重點：「我一直希望自己的一對兒女能夠為我完成我做不到的事情，我給了他們最好的物質生活，也未曾與他們坦承我獲取金錢的方式，沒有想到，大概是我為人不好，兒子好不容易念了大學，卻因為狠殺了情敵要被關十五年。十五年啊！他還有未來嗎？他還有機會重生嗎？我真的不敢想！」當他的語氣激動起來時，眼角餘光也同時泛著淚水，但淚水依然沒有滴落臉頰。他是感覺到自己沒有資格為和他一樣不學好的兒子流淚嗎？

這時候，我忽然明白，原來黑道大哥並不是一個把傷害他人的行為視為理所當然的人，他明白自己在做什麼、應該或者不應該。邪惡並不是他的本性，那是基於生存手段學習而來的。在他心中依然有一把尺，他甚至早已知道，犯罪行為終有一天會落入法網，但仍因為陷入對利益的貪圖而無法自拔，日復一日違心地從事著他自己事實上可能無法承受後果的事情。

他另外提及，女兒高中畢業後沒有考上理想的大學，寧可整天在家打遊戲也不肯念書重考。知道自己活不久了，看不到女兒考上大學，死不瞑目，因為遺憾而想起與他女兒差不多年齡的我，將對女兒的期望寄託在看起來有能力升學的我身上。

黑道大哥是這麼說的：「不知何故，我想到妳跟我女兒差不多大，我曾以為妳很快就會被我的客人看上，打算機會來到時，把妳賣個好價錢，推妳進入婚姻，但很意外聽說妳六月就要專科畢業了。妳竟然可以堅持這麼久，讓我非常慚愧自己對妳所安排的一切，但我還是很自私的請求妳，我可以把我孩子不願意為我完成的事情託付給妳嗎？」

「你的意思是要我去考大學嗎？」

我忽然頓悟，並感到驚訝，卻擔心著未完成清償的債務，集團中接手管理的人是否會再找上我父母呢？那麼我在這幾年所做的事情，豈不是就會被揭發？日後又將要如何面對家人？即使已經看見重生的出口，我依然覺得自己的骯髒是見不得人的。

自從落入人蛇集團賣身之後，我再也沒有勇氣去想繼續升學的事情，聽著黑道大哥的請求，忽然覺得無所適從，因為不知道如何開始著手於這項任務。我對於自己要去什麼地方念大學、能念什麼科系、什麼樣的學校，都沒有一丁點兒概念，但不能以此解讀成我對於升學是沒有興趣的，只是不敢去想，或覺得自己配不上去想這件事情。我事實上還是一個蠻喜歡讀書也樂於學習的女孩，曾嚮往擁有與高學歷有關的職業領域。

黑道大哥看出了我的顧慮，說道：「在我們這個世界，債務多少是我們說的算數，如果妳願意考大學，我會免除你們家所有的不法債務，保證妳離開這裡後，我和我底下的任何人不會再去找妳或妳的家人。把握最後幾個月，看妳想考什麼就去吧！」

我心裡頭開心，卻言不由衷地回應說：「你沒有期待過自己的小孩念什麼東西、做什麼工作嗎？」彷彿是在尋求前輩的建議和指引那種意圖，又像是要再度確認他是否要把對兒女的期待轉移在我身上。

黑道大哥並沒有正面回答我的問題，只是說：「再過幾年，大學就是好工作的基本學歷，以後有任何困難，一定要循正當管道賺取所需，不要跟我一樣。念完大學，如果可以的話，希望妳可以考上高考，這是我對一對兒女的期望，託付給妳了。」一語畢，塞了一個大信封袋裝著的、一本已經付清所有費用的醫療保單，以及兩萬元現金在我手上。像是早已明白他過去對我所做的事情，是以犧牲他人身體健康來換取財富的那層意涵，因此以為被犧牲者規劃醫療保險的方式，來彌補自己的罪惡；至於兩萬元現金，說是要讓我在距離畢業以及當年度插班大學考試不到三個月的時間內，專注備考，我感到受寵若驚。

原本以為升學是一件很奢侈的願望，竟然因為黑道大哥的罪行在還沒有落入法網之前就遭到了「天譴」，進而成為把我推往自己夢想道路的驅力，這樣的際遇就像是冥冥之中有一種至高無上、包容罪惡的力量引導著我走回正途，走向我原本應該屬於的那個世界。此時我雖然內在充滿了歧途罪惡感，但另一方面卻也期待著自己已被汙染的身心，還有機會被原諒、被救贖。

由於我在人蛇集團工作的期間，變得對屬於陽光社會的人群關係保持沉默，以避免同儕有機會太接近我，更因此難以擁有正常的人際關係，總是有意地避開人群，工作以外的時間都活在自己的世界裡，總覺得自己一旦「說錯話」，就會破功，變得不像自己所期許的「正常人」，對於未來如何以正當的職業角色立足於社會，也相當的沒有自信。

然而，就在離開人蛇集團工作的那幾個月，我內在出現一個聲音，想要去一個離家很遠的地方念大學，想像著能夠大學畢業後，就留在那個離家很遠的地方就業，企圖找到一個重生的機會，或者說是讓自己逃離已經太過習慣而感到無法喘息的生活空間，遠離這個很可能在路上隨便遇到一個男人，都曾是把我看光光的獵人們所生活的城市，再白話一點兒說，就當作是「逃難」吧！

這個黑道大哥的祕密聚會活動，發生在我即將專科畢業當年的四月，由於距離七月的插班大學考試盛季，已沒有很多時間可以思考生涯目標，於是我選擇參加了一場門檻相較於其他同類考試較低，哦不，應該是說，是一個我不用刻意準備也可以有基本表現的升學考試。

這個考試的結果使我誤打誤撞地進入一間校風特別純樸的大學，這間大學可以很清楚地望見山景，就管它叫「山邊大學」吧！雖然我很開心完成了黑道大哥交代的任務，也往自己的夢想又前進了一步，但另一個挑戰又悄悄開始了，我面臨了一種難以被人理解的人生考驗。

正因為山邊大學校風特別純樸，我自知有著一個已被汙染甚深的身心，當走入校園中時，又更加覺得自己與校園中的每一個人格格不入，看著因不適應離家生活而偷偷哭泣的室友、對純潔的愛情有著憧憬或放學以後忙著追星聽演唱會的同學，很難說服自己是跟他們屬於同一類的人們。我開始感到焦慮不安，擔心有一天這些人若是知道貌似單純而乾淨的我，竟是這樣一個骯髒黑暗的女孩時，他們會用什麼的眼光看待我，越想越害怕。

念完大學的任務，好像不是只要考得上、讀得過這麼簡單而已。自從我進入人蛇集團工作後，大部分時間都跟自己的天涯淪落人同住在屬於那個群體共同生活的員工宿舍，也就是跟一群有著相類際遇的女性伙伴們共同生活。進入大學又能住校，可以說是我離開娼妓生活圈後的第一次，跟所謂陽光社會的人群那麼接近。

我開始懷疑自己是不是來錯地方了。雖然逃離了苦悶的家鄉，但如此純樸的校園和人群讓我感覺渾身不自在，剛開學的一個月，我不太敢主動跟任何人說話，看見已經認識的人們也假裝不認識，但這些行為樣貌只會讓人以為我只是比較被動、內向而已，亦難以察覺我的心思。

一些熱心的學長姐們偶爾詢問我是否適應離家這麼遠的大學生活，我總是避重就輕地回應說還可以，殊不知那不適應的感覺，並不是一般大學生所謂第一次離家生活的不適應，而是已經習慣了邊緣社會的生活方式，突然回到陽光社會，就像是脫北（北朝鮮）者無法融入南韓菁英社會的那種文化疏離感。

最讓我感到不適應的是，要如何與有如白紙般的同學們朝夕相處？這間學校，跟我前一個求學階段的學校，也有著很懸殊的學習氛圍，我說不出來是什麼滋味，但卻還算喜歡在這個地方所遇見的人們。

初入大學時，為了掩飾不想被看見的黑暗經驗，說服自己可以透過改變環境而重新做人，我依然保持沉默，但這個沉默是有意識的隱藏，而非對所遇到的人們沒有興趣而不想說話。與之前學校經驗不同的是，我的沉默似乎沒有引起師長將我視為問題學生，說服我接受治療，無論是同學或老師，對於我的沉默並未投以奇異的眼光，也沒有人刻意要改變我，這樣的經驗使得我感覺到自己是被接納的。然而，我內心仍然渴望著學習融入陽光社會，只是一直找不到方法，直到遇到讓我安心跟人類說話的「貴人」，我的人生才來到了另一個轉折點。

要如何描述這個貴人呢？我其實心裡明白，這個貴人那時候是有心無意地對我釋出善意，並不是把我當作問題學生看待而接近我。她是我當年就讀系所的一位老師，因為我曾好幾次看見她的周圍，出現一團令人感到安心、象徵慈愛的白色光芒（這與後面篇章所要描述的，有關我自小即有的幻聽、幻覺的主觀經驗並非指涉同一種現象，而是我在後來的靈性療癒學習經驗中所獲知的，人體能量場顏色於直觀感受上的意義）。此外，這位老師的氣質溫文儒雅，形象純淨而輕盈，以及當她作為聆聽者之時，她的專注有如明鏡止水般的透徹，總能確切地回應言談當事人的議題並給予適當的引導，因此我想要稱呼她叫做「白雲老師」。

然而，我也並不是一開始就能夠信任白雲老師的，總以為自己身上是不是散發出令人好奇的黑社會氣質，或者擔心自己當下所身處的環境中，是否巧合地有人聽聞了我曾淪為娼妓的傳言並因而感到好奇，而被「近距離觀察」。

這樣的顧慮並非憑空想像，畢竟我身為娼妓少女時，曾與百餘位未知其真實身分的獵人們有過身體上的接觸，總擔心走到哪裡就會冤家路窄地遇到那些獵人們，並以我無法掌握的方式，揭露我的黑暗工作史，使得我非自願地成為某些人八卦的話題。我就是這樣一個焦慮不安的女孩，想透過改變環境以掩飾無法接納的那個自己，又害怕成為不了心目中想要成為的自己。

又所謂的近距離觀察，並不是要說被故意接近，而是我當年在這間學校的其中一個值班時數較多的工讀單位，剛剛好就在白雲老師的研究室隔壁，很容易與她不期而遇。而這位白雲老師不知出於何種原因，好像總會不經意地關心我一些事情，並且當她對我提出問題時，是用一種很專注的眼神看著我把話說出來，而不是隨意問了一句或打聲招呼就走掉了的那種關心。

我並不是害羞，也不是怕生，儘管過去很多時候我給他人有著性格較為內向的觀感，但這並不全是事實，而是我總擔心著把話說出來會顯現出自己屬於精神病患的那一層陰影人格，或者講錯什麼話，被發現自己曾經身陷一個很骯髒的地方，所以言行特別小心謹慎，每當有人非預期地接近我時，我總會特別緊張，直到看清楚他人的善意或無傷害、猜忌的意圖後，才能放心地允許自己被接近。

一些後來遇到的人們曾對我說，我看起來總像是很容易被嚇到的感覺。像是涉世未深的小孩，看起來單純可愛，卻又難以接近，而被嚇到的我，反應也令人難以理解。我心裡明白，自己給他人的那種感覺，應是深藏在自己內在真實存在、對於突如其來被迫成為娼妓仍驚魂未定的那個小女孩。

一直以來，基於隱藏自己真面目的意圖，我習慣在被人接近後就更加小心地不要讓自己遇見意圖接近我的人，或低著頭從認識的人身邊快速穿越過去。剛開始發現白雲老師想要接近我時，我亦常常有如此的行為傾向，總是在屏風後面的那個空間聽見了白雲老師的聲音，就會等待她的聲音遠離那個空間後，才走出去。

但這些擔心，在白雲老師幾次主動接近我後，我忽然發現跟陽光社會的人類說話好像沒有這麼可怕了。此外，我心裡知道白雲老師的專業背景是什麼，對於她的專業角色，因為自己的過往經驗，有著一種權威崇拜的感受，但看起來，白雲老師並沒有發現我，或者說是可能有想過，但沒有直接給予我一直以來所擔心的評價。因為我過去所接觸過的人們，或多或少都對我有「不正常人類」的質疑，因此，看著白雲老師沒有把我視為問題學生看待，我的心裡忽然像是放下了一顆大石頭。

我雖然不太喜歡主動跟人類說話，但是對聲音特別敏感。白雲老師的特色是聲音很柔很沉，當發生近距離的言談時，那是一種能夠讓我感受到很溫柔、很慈愛的感覺，涵容著言談當事人的各種樣貌和經驗。就在那個當下，我突然覺得，有一種人類可以做到不恣意評價自己；開始努力嘗試跟這個環境中的其他人多說一些話，發現竟然沒有人覺得我「怪怪的」，也因此交了一些能夠長期聯繫的朋友。我在這間山邊大學，第一次可以感受到跟人類交朋友的喜悅。

原本我一直很抗拒選修很容易在教室外其他地方遇到的老師所開設的課程，卻因為想知道要怎麼樣可以像白雲老師那樣子說話，忽然對於白雲老師所開設的課程感到好奇，特別努力地在她的課堂中找尋一些突破舊有人際關係的靈感，透過思考、想像、模仿，進而小心謹慎地在人前盡可能地表達出來，看著他人的反應也多半在自己預期之內，特別有成就感。

在後來與白雲老師的交談經驗中，常常使我能夠以新的視角看待自己並理解事件的全貌，因此我一直都把她視為很重要的人際關係之學習典範。

也許你看著我的敘事，感覺不出白雲老師有做過什麼，有趣的是，就連她自己也不知道自己做了什麼事，會使我在十五年後於被催眠的情境中，兩度清晰地看見與她曾在校園中互動的情境。我深信自己看到的景象是真的，否則在「再看見」的那個片刻下，情感的連結不會那麼強烈，強烈到我無法忍住當作什麼事都沒有發生過，進而主動聯繫了白雲老師，講述這一段未曾誠實面對過的往事。她正向的回應，也讓我看見自己過去在朋友圈中羞於啟齒也無法與家人分享的經驗，對我身心的影響隨著時間的流逝而遞減。不能被真正遺忘的，不代表它在我的心中就永遠未竟。

第三回

離開山邊大學

至今我一直深信著是當年誤打誤撞進入山邊大學，遇到白雲老師對我在人際關係上的啟蒙，而發生了改變的契機。以往人們對我的關心要不是別有意圖，就是過於敷衍，但不敢說我所感受到的就是事實，更確切地說，是那時候的我，甫脫離了娼妓之身，對於正常的人際關係開始有了嚮往，因緣際會下，遇上了她真誠與專注的眼神，融化了我的心中有如冰山般的防衛，使我不再害怕與屬於陽光社會的人們交朋友，並逐漸有了探索全新生涯興趣的勇氣，從而有力量脫離痛苦但又習慣以娼妓工作為生的生活方式。可以說一個人對於另一個人的幫助，是否能夠導向善果，也是一個天助自助的過程吧。

在往後的日子裡，我在生涯探索的過程繞了很久也歷經波折，但倘若沒有當時那個起點的發生，也不會有後來在職涯發展上還算順遂的自己。又所謂的順遂，並不是要說已經功名成就的那層意思，而是至少有能力投入正當的工作維持自己生活所需的狀態。但事實上，我在山邊大學僅僅就讀了一個學期，就因為學期成績二一而強迫自己休學。

那時候的我想不透自小學開始不需特別努力就能達到高學習成就的自己，為什麼會遭遇到如此的挫敗？歸納其原因，其一是最疼愛我的外婆病逝，媽媽刻意對我隱瞞外婆的病情，使我錯失見到外婆最後一面的機會，嚴重影響了我的學習心情；其二是剛進入大學時，花費太多心力在擔憂被新環境中的人們識破自己過去的真實樣貌，難以專注在學習上。

此外，我也認為是那時候的自己努力地「選擇性遺忘」為娼的少女經驗，使得一直以來仰賴小聰明就能在考試中輕鬆取得高分的我，變得在理解能力上有一些「鈍化」，我感覺自己不再那麼聰明；由於渴望將已是個大學生的我，與娼妓少女的我之生活經驗有所切割，急於「重新做人」，我想逃避面對無法接納的那個自己，卻屢次在考試情境中出現自己遭到性虐待的記憶畫面——那並不是僅僅存在我的腦海之中，而是已經浮現在我的眼前，使我難有餘力進行思考。

說不出自己究竟遭遇什麼樣學習障礙的我，開始擔心自己會因同樣的困境過不了第二學期，即使與黑道大哥有必須讀完大學的承諾在先，仍然決定休學並投入全職工作一段時間，一方面想要尋找對生涯方向的靈感，另一方面，我也想確認在山邊大學所學習到的新的人際關係是否能夠引領我找到「正當」的工作。

媽媽為什麼會對我隱瞞外婆的病情呢？因為我自小對另一個空間無形的存在特別敏感，像是走到哪都會「卡到陰」似的大病小病不斷；除了因幻聽、幻覺而被認為有思覺失調症之傾向外，身體上的疾病，讓外婆抱著我逛醫院像是逛百貨公司，而變得對無形的存在特別敏感之記憶似乎也是從那個時候開始。

媽媽深信如果讓我參與外婆死亡前的過程，我會因此而「卡到陰」，擔心我又會惹麻煩，打算等到我學校放寒假時再說出實情。然而，離奇的是，儘管媽媽在我遠在山邊大學的時間裡，未曾使我知悉外婆已經過世的消息，但我在後來所知道外婆實際死亡的時間點之前，就已經幾乎天天看到外婆的魂魄出現在自己的宿舍裡，似乎總有話要跟我說又沒有說出來。我以為外婆只是因病重太痛苦，而在夜深人靜之時離開身體到處遊盪，如同過去的我在遭人凌虐而身體承受極大痛苦時，也會有意識地使自己的靈魂離開身體一些時間來減輕疼痛。

此外，當時的我校內工讀和校外兼職工作滿檔，又自覺課業進度落後，難以找出時間回家鄉一趟，且當時的我也特別厭惡家裡的氣氛，害怕回家會使得我再度失去走入人群的勇氣。儘管經常擔心地詢問媽媽外婆的病情是否穩定，但總得不到真實的答案，我甚至無從得知當時的外婆已進入安寧療護階段，隨時都有可能離開人世，總以為外婆的病情應該如媽媽所說的那樣，過一段時間就會痊癒了，而忽略了內在某個部分對於外婆的病情仍然樂觀之信念，感覺很不踏實，或者說我事實上已經意識到外婆即將死亡，時間不多了，卻一直在欺騙自己她不會有事。

有那麼一天，我一如往常地看見外婆的魂魄來到自己的宿舍，卻說她已經離開了身體，很開心從此脫離了病痛，也脫離了貧窮，並要我不要責怪媽媽的迷信無知，她走得很甘願，只是一直很想念我，想念我小時候天真快樂的樣子。

外婆告訴我說，她在臨走前才能看見我在她不知道的地方，被一些不認識的人們欺負，她很難過但是無能為力，但知道當時的我至少在物理距離上已經處於安全狀態了，感到很欣慰，她要我好好地照顧自己，不要讓曾經對不起我的人，繼續糾纏我往後的人生。

我難過的哭了一個晚上，還讓死去的外婆安慰我，感覺既像真實又像夢境，等到悲傷的情緒逐漸消散後，才忽然想起外婆在世時，明明是個不識字的傳統婦女，為什麼死後的她，竟像是指導靈般地給予我這些充滿智性的人生指引？

隔天一早，我就趕緊詢問媽媽，外婆是否已經過世，媽媽才說出事實上外婆的遺體已經完全火化了。我對於媽媽隱瞞外婆病情的決定，感到很深刻的悲憤與遺憾，難過自己犧牲了青春年華在人蛇集團裡頭工作，為爸媽擋住了被黑道討債的災難，卻在媽媽的眼裡，我似乎仍是一個只會生病、沒有用的小孩，甚至不信任我有能力參與外婆死亡前的過程。

曾經，外婆與媽媽對於我的期待與信任，是完全相反的；儘管外婆在我很小的時候，三天兩頭就要抱著我掛急診，但仍信心滿滿的跟爸媽說：「不要小看妹妹，妹妹總是『破病』，若是未來你們遭遇任何困難，妹妹很可能會是擋住災難的『吉小孩』。人說她這條命是『帶財』來的，可惜我們家祖宗八代福德不夠，一好就沒有二好，有財必先忍受病苦，她的人生會是好在後半段。」

我很在乎外婆對我的期許與肯定，儘管外婆對我所持有的信念，也是根據一些通靈算命的長者所言，但至少外婆不曾視我較弱的健康狀態為問題，不作無謂的擔心，這使我跟外婆特別的親近，但爸媽對於外婆的說法總不以為意。

我自小跟外婆的感情特別深厚的原因，除了外婆不因我多病的體質而放棄對我的期望與興趣栽培外，也因為她皈依佛門後，對於討厭動物性食物的我就有如盟友一般，當爸媽試圖要我吃一些我不敢吃的食物以增強身體健康時，外婆會護著我，說服他們尊重小孩子的飲食偏好，並且幫我從混著肉食的雜燴餐點中，挑出我喜歡的青菜和豆干餵我吃。

外婆時常帶著我去佛寺裡面聽出家眾誦經，使我對於佛教經典內涵的感受力自小耳濡目染，明白當有現實生活中無法解決的困境時，可以透過宗教信仰的力量以找尋情緒的出口。儘管曾有很明確的儀式經驗，我仍不習慣也不喜歡稱自己是佛教徒，因為成為一個特定宗教的教徒，意謂著與其他的宗教有所分別，失去了宗教信仰對所有人類萬物視為平等並予以包容的那一層意涵。

此外，我自小就是一個好靜的小孩，多病的體質使我幾乎所有項目的體能活動程度都是遠遠的落後於其他小孩，特別討厭被鄰居小孩邀請比賽跑步。我愛好一個人玩水或游泳，儘管仍因體能的限制無法游得很快，但每當我浸到水裡時，水底下的世界靜悄悄的一片，使我感覺與世無爭、逍遙快活，我就是喜歡這種滋味，總想像著自己是一條大大的魚，在水中漂啊漂的。外婆知道我水性甚佳，說服爸媽放心地讓我一個人玩水，不因為我很會生病而限制我的戶外活動，也因此，讀了小學之後的我，較不會一天到晚生病了，且能藉由參加游泳校隊而提升自己對於運動的信心以及專注於學習的體力。

從我幼稚園開始，外婆幾乎每天清晨主動帶著我在上學前去家裡附近的溫水游泳池玩水，於同一時間，外婆則是去市場買菜，祖孫的感情日漸深厚。小學一年級開始，外婆更是說服爸媽讓我跟著教練在課餘時間學習游泳，我對於外婆允許我享有如健康的孩子般自由玩耍的快樂，心中甚是感念。

玩水或是游泳，在我的童年記憶中，雖說浸入水裡的那一剎那是在享受與世無爭的寧靜，卻也同時培養了我更強而有力的求生意志。這意謂當一個人浸入安全的水中樂園時，是在享受生命，但因而養成的良好水中適應能力，當來到危機四伏的水域環境時，便是一種生存戰術的展現。

我在故事寫作期間，透過再度投入游泳或玩水的活動，試圖探索曾經是什麼樣的力量，使我得以度過每一個生活的難關，原本以為僅僅是單純的快樂使我有了良好的學習適應能力，直到聽見偶遇的游泳教練與他的學員對話中的一句「為生存而戰」之觀點，而有了新的領悟。他說：「在水裡必須要有與在陸地上不同程度的生存意志才能突破難關，想像當你溺水時，如果救援沒有及時來到，你將如何讓自己安全地浮出水面，並在平穩的呼吸中保持前進，在最短的時間內接近岸邊。持有這種危機臨在的信念，很快你就學會游泳。」

我聽著這段話的同時也領悟到，當初若不是外婆在媽媽強烈的反對下，堅持每天清晨帶著我出去玩水乃至於允許我學習游泳，也許我在面臨少女時期所遭遇的生活危機時，將因無法擁有足夠的生存鬥志而喪失生命，儘管我曾有很長一段時間，以沉默來隱藏自己生活的真實樣貌，但我深信著當時的自己至少存活下來了，才能夠有後來踏上身心療癒旅程的機緣。

然而，自從爸爸的事業開始出現危機後，家裡的氣氛一天比一天還要糟糕，原本跟我還能有說有笑的外婆，在媽媽經常性的把對外人的不滿發洩在她身上後，變得愁眉苦臉，也越來越不愛待在家裡。外婆總以出去幫人帶小孩分擔家計為藉口，遠離媽媽對她三不五時的情緒宣洩，但卻深深地毀滅了媽媽曾自以為嫁了個好人家就可以讓外公和外婆過上好日子的自我期許。

媽媽特別不喜歡外婆擔憂或插手家計，但外婆始終無法理解媽媽的堅持。不知道自己一直在「幫倒忙」的外婆，漸漸承受不了媽媽無來由情緒的肆虐，到她人生的最後幾年，得了妄想症和憂鬱症，原本充滿母愛能量的外婆，變成了令人害怕的樣子，我似乎對外婆曾經給予我幸福的感受，越來越陌生。

媽媽總以為自己是個孝順的子女，在她婚後日子好過的那幾年，不斷地給予外婆豐盛的物質生活，像是在宣示她對於子女的期待，但卻經常性地跟外婆為了細故而爭吵，甚少顧慮外婆心裡的感受。家道中落後的那些年，媽媽將外婆當成出氣筒的態度更是變本加厲，在我的眼裡，媽媽是毀了我最能親近的家人之罪魁禍首，曾經健步如飛、家事一手包辦的外婆，晚年生活卻是如此悲傷。

也許因為外婆再也難以像過去那樣在她能容忍的範圍內自尋快樂並擁有自己的生活重心，漸漸多病纏身。我對於媽媽對待外婆的方式，給予晚輩如此負面的身教典範，卻期許子女將來有一天能夠給予他們豐衣足食的老年生活，始終難以釋懷，但又不自覺地將自己的人生塑造為媽媽期待的樣子。我真的那麼想要獲得媽媽的肯定嗎？我仍不盡明白當時的自己究竟在想些什麼。

從外婆生病到死亡的那段時間，爸媽帶著外婆住在一個沒有人找得到他們的地方，使得外婆再也難以像過去那樣疼愛並照顧著我，無形中我們祖孫的關係和感情也漸行漸遠，對外婆的記憶，只剩下童年時期那一段不算短暫的美好，我也堅守著媽媽對我的交代，若在學校外面遇到任何不認識的人詢問他們的住處，都不要說出來。

爸媽喜歡假裝他們對我有很多的關心，是有能力給予子女良好生活條件的那種父母，只要學校老師因為我的人際關係障礙要找他們談話，他們便會以最快的速度出現在校園中，但事情處理完畢之後便會完全消失，對我的學校生活甚少過問，也使得我的老師和同學們無法察覺到我所承受的生活危機。當然媽媽並不曾料到，那所謂不認識的人們會對我算計原應屬於爸媽對他們的清償責任。我賣了自己、被人玷汙身體之後，也打算一輩子對媽媽隱瞞這個祕密，害怕媽媽嫌棄自己的愚昧，更擔心媽媽將對我的嫌惡，轉變成對她自己的自責，進而發生使我更難以承受的情緒反應。

也許是因為我在欺騙自己早已意識到外婆即將死亡的感受，以及對於明知外婆已經病重仍堅持逃離家鄉、不敢回去面對家人的自責，加上努力選擇性遺忘自己為娼的少女經驗所造成的記憶力「鈍化」問題，每當複習功課時總是心不在焉，除了特別努力在白雲老師的那門課找尋新的人際關係靈感外，別的課程凡以考試為重者，都表現得奇差無比，常常就在考試的當下，不明原因心神不寧，眼前總出現一些使得我幾乎必須忍住即將在教室裡發生情緒崩潰危機的記憶圖像。

由於太過焦慮被識破自己的黑暗面，出現在我眼前的，究竟是幻覺？還是事實？而那些圖像，讓我至今仍能清楚記憶的是，當時的我總擔心自己若無法完成大學學業，很可能黑道大哥的屬下會以我「毀諾」為由，而以名譽作為威脅來討債，那我好不容易洗白的樣貌便會被打回原形。

總在壓力情境下或重要時刻裡，在我腦海中或甚至就在眼前，不斷地出現十五歲那一年就被迫經歷初夜的自己，在旅館房間裡到處逃竄的模樣，或是十七歲時因拍攝「虐戀」之寫真影片而遭人凌虐的畫面（此二經驗都將在後面的故事中另章書寫），有時更是出現曾經遇到的獵人們，其令我感到嫌惡的身體樣貌之影像，或巨大的陽具就忽然在我眼前，使我彷彿聞到了那些獵人們身上的氣味，甚至感覺自己的下體又被人插入了，致使我不由自主地開始下腹疼痛，頭痛欲裂，噁心想吐，幾乎無法集中心神進行思考。

有時候，我不知道發生什麼事地腦袋一片空白，交出白卷，事後又懊惱不已，總不明白自己明明在物理距離上逃離了那黑暗的世界，為什麼總是被迫再看見，又為什麼總在我試圖證明自己有能力完成大學學業的機會來到時，這些記憶畫面就不斷干擾自己度過學習的每一個關卡，這些一再重複的「看見」，究竟想要對我傳達什麼樣的訊息？當時的我既想知道，又抗拒知道，是不知道自己已經知道呢，還是知道自己不想知道？

由於不願揭露自己為娼的黑暗經驗，自是不可能在學習遭遇挫敗時主動求助於師長，我說不出自己有時考試交白卷究竟是發生什麼事，儘管當時系所內除了白雲老師，還有另一位總是笑容滿面的男老師（對他印象較深刻的是，他的身後總是出現一團粉紅色和湖綠色的光芒，給人一種喜悅和充滿活力的感受，但因為沒有什麼互動經驗就不另外命名了），都曾關心過我的學習和生活適應狀況，甚至那位男老師還暗示可以提供我一些經濟上的援助，好讓我更加專注在學習上，但我對於自己所認知到正在遭遇的困境並非如此單純。

我從不認為兼職工作會影響我的學習成就，畢竟在過去的求學生涯裡，我即使身兼多職，也還算是個高學習成就的學生，不願意相信自己無法繼續過著半工半讀的生活，也不想輕易示弱，始終說不出來也不敢說出來自己到底遇到什麼困難，以及會在考試時被自己的幻覺干擾而無法思考，算是什麼樣的學習障礙？就算敢於主動求助或是說得出來，這樣的困境會在當時就有所改變嗎？我寫出這個經驗的當下也無從明白答案會是如何。

當我多年後於接受催眠引導的狀態下，再度「看見」自己的這一段往事時，發現總在師長對我表達關心之時，我就不由自主地四肢僵硬、緊繃著身體，微微顫抖地不敢直視他們，好像做了什麼壞事怕被人發現的感覺，有時甚至有一股想要突然站起來說一聲「對不起」就逃離現場的衝動。明明很喜歡在那個環境學習，卻又不敢求助的矛盾，加上擔心第二個學期仍然無法突破如此困境而遭致退學的結果，終於迫使我暫時離開了山邊大學。

離開山邊大學後的我，並沒有回到家鄉，而是去到家鄉隔壁的城市，意外順遂地在很短的時間內，於一個出版中學教材的公司找到了全職的教材編輯工作，過了沒有很久，又在另一家經營生機飲食的早餐店找到了廚房助手的兼職工作，讓滿檔的工作行程，暫時忘卻使我措手不及的學習困境。

在全職工作的公司裡，我遇到了兩位自稱畢業於「田邊大學」的同事，對我相當友善，很肯定我的工作能力，但也不忘提醒我仍然必須盡快取得大學文憑，才能在諸如此類的文職工作中得以長期發展，並取得升遷的機會。

我自從那時也開始相信自己真的有能力在學校以外的地方從事「正當」的工作了，原本想要把握這個受到肯定的緣分，在那個工作做滿一年、重整自己的學習動力後，再回去山邊大學完成學業，但就在他們知道我從山邊大學休學的原因是因為學業成績被二一後，跟我分享有關於他們在田邊大學很好的學習經驗，告訴我田邊大學對於經濟弱勢的學生也有很充分的資源，並鼓勵我試著再一次參加插班轉學考獲得重讀大學的機會，萬一再度被二一，就不會因此有被退學的風險。

我想起之前自己在考試時因出現幻覺而無法思考的挫敗經驗，不禁擔心一年之後回去學校又再度遇到同樣的困境，抱持著重新再給自己一次完整的時間完成大學學業的機會之考量，聽從他們的建議，在當年暑假參加了田邊大學的插班轉學考，竟然又這麼誤打誤撞地考上了；同一時間，基於同樣的理由，我也再度考取了山邊大學的另一個系所。

這樣的考試經驗似乎也讓我對自己的學習能力又找回了一些自信，我以為我沒事了，之前遭遇的學習困境應與身兼多職的狀態並沒有絕對的關係。我總希望自己可以在有限時間內完成更多的事情，不僅僅是為生存而工作，而是我的內在有一種強烈被需要、被賦予期待的渴望，以推翻媽媽深信我是一個很會生病、沒有用的小孩之信念。

然而就在這個有所選擇的機緣下，我心裡又開始掙扎起來，明明知道田邊大學被公認的排名較山邊大學前面很多，學習資源豐富，但我事實上很想念在山邊大學不會把我視為異類的朋友，使我感到安全、可以安心說話的白雲老師，以及特別純樸的學習氛圍，很想回去那個地方學習，並繼續淨化自以為汙濁的身心。

此外，田邊大學距離家鄉並不算很遠，我事實上顧慮著會不會轉學到田邊大學後，又可能遇到知道自己黑暗過去的人，使我再度失去改變的自信，陷入人際關係的困境，於是任性地在第二年又回去山邊大學就讀。最令我害怕的是，田邊大學還距離在我進入大學之前，就與我訂有婚約的未婚夫太子狼（認識的緣由詳見本書第十回）之老家不到十公里。而這樣有如預知未來的擔憂，在我多年後回到田邊大學工作生活時，冤家路窄地真的遇見了被我背棄婚約的太子狼，就像是吸引力法則所言，腦海中的畫面都會在未來的某一個片刻成為具體。

當媽媽很不巧地接到田邊大學通知入學的電話時，未徵求我的同意，便跟學校保證說我一定會去報到，拜託田邊大學為我保留入學資格，並協助安排宿舍，但那時候的我，仍眷戀著在山邊大學的人際舒適圈，很抗拒再轉學去田邊大學，媽媽很生氣我竟然想放棄這麼好的入學機會，在電話的另一頭吼著我一定得按照她的期待放棄山邊大學的學籍，覺得我的一廂情願只是一時天真的想法。

大多數的人們都知道，文憑上的學校名稱對未來工作的發展或多或少還是會有影響的，我並非不懂得現實社會的需求，只是心裡對於再一次進入未知的學習環境，要是真的發生了最糟糕的事情，被人識破自己真實面貌的話，該如何可以在那個地方熬上三年，想著想著，我就感到害怕。

由於我習慣性地想要證明自己是一個乖巧、有用的小孩，便勉為其難答應了媽媽的要求，開始收拾行李，心裡卻是百般惆悵，在決定轉學的那個禮拜的最後一堂課結束後，我腦袋空空、心事重重地站在教室附近的陽台上，望著讓我百看不厭的山景，從下午發呆到晚上，背對著不斷在自己身後穿梭而過的人群，暗地裡哭泣。

想不出來該如何跟新認識的師長和同學說出被迫轉學的糗事，又碰巧地被白雲老師遇到正在發呆且眼眶微紅的我，她特別敏感地似乎知道我正在思考一件很沉重的事情，而走近我表示關心，詢問我在想些什麼。我概略地說了一下事情的來龍去脈，白雲老師便約了我隔天下午好好聊一聊這件事情。

事後回想這個經驗的我才能很清楚地明白，當時白雲老師與我的談話，是試著要為我釐清轉學到田邊大學是父母的期待還是我真的想要的結果，以及對未來的生涯方向是否有什麼具體想法，但在那個當下，儘管我更想要順利地從山邊大學畢業，並留在山邊城市工作生活，卻已經完全沒有勇氣違背媽媽的期待，繼續任性地待在山邊大學。

白雲老師相當擅長引導思考，幾乎每一句詢問和關心都切入了我正在煩惱的問題，雖然當時的我思緒有些混亂，但仍似懂非懂地知道她所要表達的意思，只是對於自己為什麼明明可以獨立工作生活，卻又如此在乎媽媽的期待說不出所以然來。

休學後工作一段時間又回到學校，我仍然沒有想清楚自己未來想要做什麼事情，未曾很清楚地意識到自己一定要學習什麼樣的專業，才能發展出什麼樣生涯結果的概念，選擇念什麼大學、什麼系所，都只是憑著感覺來做決定，可以說當時的我，常常處於不知道自己想要什麼的混亂狀態，更多的時候只想著如何順利取得大學文憑，繼續像休學期間那樣有一份正當穩定的文職工作，完成對黑道大哥的承諾就好，對自己未來可以做什麼、想要做什麼，都沒有一定程度的自我期許。

第二次又離開了讓我得以發展出新的人際關係的山邊大學，我知道自己是真正的放棄了那個學籍，不再有機會在那樣使我感到舒適、安全的環境中完成學業，心情失落了很久。

轉學到了田邊大學後，事實上第一個學期我再度因頻繁在考試時受到幻覺的干擾，無法集中心神進行思考，致學期成績被二一。正當我感到挫敗且幾乎絕望時，不知道哪來的靈感，開始有意識地自由書寫自己當下的生活以及對特定事件的看法，並偶爾在公開的社群空間匿名分享，似乎就把對過去經驗的焦慮壓了下來，原本在清醒的很多時間裡，尤其在考試這樣的壓力情境下，就會出現的幻覺影像與身心感受，轉變為只有在夢境中才會出現，漸漸地學習不受干擾，而順利取得文憑。

此外，新環境的朋友也出乎我意料之外的友善，使我在大學生活的各方面，除了課業學習以外的困擾都漸入佳境，但我仍然很想念在山邊大學所經驗到的一切，也與山邊大學的朋友保持聯繫，藉此允許曾在山邊大學所獲得啟蒙的美好人際經驗和靈感，仍繼續在我心中有一個重要的位置，以作為我未來若在關係議題中遭遇挫敗時，支持自己努力克服障礙的勇氣和信念。

然而，以壓抑對過去經驗的焦慮為目的之書寫，經不起時間的考驗，命運允許我以這種暫時逃離面對自己的方式完成了大學學業，卻又在我初入全職工作生涯的幾年內，當我已經幾乎完全遺忘了另一個真實的自己曾經存在過時，便一而再、再而三地讓我遇見過去傷害我的人們，刻不容緩地催促著我將想要遺忘的自己，整合進入個人的生命歷程。

後來我對於這一段以為圓滿卻暗藏危機的經驗，有了一個新的理解：當初與即將辭世的黑道大哥之承諾是要完成大學學業，也許正是他的亡魂仍存在某個平行空間裡，看見了我在大學時期曾兩度因為黑暗經驗的困擾而無法專注於學習，在冥冥之中幫助我得以書寫當下的方式暫時遠離過去經驗帶給我的壓力，以順應他的期待取得大學文憑，當約定的任務完成之後，他便放手讓我好好地處理、面對自己的生命課題；後來，我兩度與記憶中的狩獵者不期而遇，就像是提醒著我，逃得過一時，躲不過一輩子。

離開山邊大學，對於當時有著身心議題的我而言是個相當沉重的決定，因為那裡特別友善的學習環境，對我而言是個舒適的保護罩。然而，故事書寫期間，我再一次拜訪白雲老師，談起這段往事時，忽然能夠理解每一個遇見都是最好的安排。

曾經我很遺憾沒能在如此友善的環境中完成學業，聽著白雲老師分享一些與我同樣有著嚴重創傷經驗，且已產生某些適應困境的學生，剛開始接觸到資源時，豁然開朗，好像突然都沒事了，但當被友善對待成了理所當然，一些人緊緊抓住如此舒適安全的感受，變得沒有勇氣面對現實社會，意識中某個無法覺察的層面，似乎過度依賴所能觸及的資源，反而成了未來在人際和社會發展上的絆腳石，遇到一點點的危機就被打回原形。

我禁不住思考，如果當初有著如此嚴重身心議題的自己，沒有離開山邊大學這樣的舒適圈，也許曾經學習到的，無論是戰勝挫折的意志力或新的人際模式，將沒有機會受到環境的考驗而繼續進步。儘管離開山邊大學以後的我，在自我成長的路上仍然步履蹣跚、傷痕累累，但是看著自己當下能夠以正當的職業角色立足於社會，我內心對於如此顛簸的人生旅程，感謝多於遺憾。

第四回

沉默童年之始

自我有記憶以來，就會在家中看到各種無形的存在，祂們的形象多是缺肢的人類和流血的動物，因此自小就對於動物性食物感到反胃，吃多少吐多少，進而成為渾成天然的素食主義者。初有此種飲食偏好時，對宗教信仰並沒有概念，但總被外人認為是家中長輩教出來的。不是，我是自己不想吃的，跟後來皈依佛門而茹素的外婆甚至沒有一點兒關係，反而是外婆受到我的影響，越來越不習慣動物性的食物。

我並不曾害怕過這些無形的存在，反而常常很好奇的跟祂們對話，想知道祂們為什麼會來到我身邊，是否有什麼請求。由於我身邊的大人們看不見無形的存在，覺得我都在自言自語，甚至偶爾還會干擾他們的言談情境，莫名其妙地打斷了他們的言談，卻又不是要回應他們的話題，若沒有人主動詢問我看見什麼、在跟誰說話，我的言行的確令人難以理解。

我在寫出這個故事的當下，也仍在納悶著，為什麼當時的大人們一點兒也不想知道我看見了什麼、在跟誰說話？爸媽起初並沒有很在意我異於常人的行為，但在我進入小學就讀後，依然習慣跟自己所看見無形的存在對話，而不是跟身邊真實存在的同學說話；大約進入小學中年級後，我死性不改，依然不愛跟真實存在的同學說話，也不太理會師長。

儘管我對於自己小學時代在學校中所發生的事件多已沒有記憶，但唯一能夠在寫作的當下想起來的場景，卻是在剛升上小學三年級時，班導師在同學們互相不認識的情況下，隨機任命學生擔任班級幹部，我被指派為風紀股長，負責在早自修時間把不守秩序的同學在座位表上圈出來。

然而，那時的我分不清哪一個同學是真實存在的，哪一個同學只有我看得見，總是在記錄不守秩序的同學之名單時「圈錯座位」，也就是某個座位可能當天根本沒有人來，我卻以為有人，或者同一個座位上出現兩個人，真實存在的同學乖乖坐在那裡，另一個「不存在的同學」卻吵鬧不休或坐立難安，令我很是困擾，但又不想跟班導師解釋太多，為了「一網打盡」，便把他們的座位都圈起來，因而遭到同學嚴重抗議，懷疑我是否故意想與特定的同學結怨。幾個很在乎操行成績且曾被我圈錯的同學，要求班導師把我這個不適任的風紀股長換掉，並且在教室外遇到我時，對我言語罷凌或甚至把我修理一頓。

有一天我被同學從背後惡作劇地踢了一腳跌倒在地，膝蓋流血後，躲在比較不會遇到同學的洗手間，哭哭啼啼地用水清洗傷口時，被班導師遇見，便試圖想要問我為什麼要故意圈錯座位，導致同學懷恨在心，這不是在自找麻煩嗎？我當下並沒有要隱瞞實情的意圖，還天真地以為班導師能夠聽得懂我所看見的世界，便一五一十地描述之前在早自修時候看見的情景。不料，班導師對我的回應感到不解，認為我有幻聽、幻視的問題，懷疑我可能患有精神分裂症，便打電話給爸爸請他來學校一趟，提醒他務必帶我去醫院接受診斷，看是否有接受特殊教育的需求。

爸媽不曾認為我會有什麼問題，反而對於班導師的質疑很不能諒解，認為她跟我這樣只是喜歡胡言亂語的小孩子計較太多，就像媽媽為了小小的事情而歇斯底里的吼叫時，也不認為自己有什麼問題，而是覺得惹她生氣的人乃至於整個社會、政府、國家都對不起她。

對自己的行為沒有病識感也許是最有福分的人，因為大部分的時候，只會苦了身邊的人，而不見得會苦了自己。然而，對於我的問題，既然班導師有所要求，為了成為合作的父母，我還是被帶去醫院接受診斷。

醫師聽聞爸媽的描述以及轉述學校老師所觀察到的現象後，丟出了一個令他們無法接受的疾病名稱，叫做「精神分裂症」。醫師不太溫柔且有些過度果斷地描述這個症狀可能隨著我的年齡增長而越來越嚴重，若發展不好的話，最壞的結果，就像是在公園中喃喃自語、形象汙穢的流浪漢，甚至不排除會有暴力犯罪傾向。至於為什麼會有這樣的疾病？可能來自基因遺傳、腦部不正常放電，也有可能管教不當而壓力很大等等。

爸媽這會兒嚇傻了，媽媽自以為是地認為自己與爸爸組建的家庭應該算是功能健全，爸爸如此努力奔波事業，媽媽是安分守己的家庭主婦，對社會雖無積極貢獻，也沒有做過什麼對不起他人的事情，且親戚移民國外者皆有不錯的成就，怎麼可能會有這種莫名其妙的基因呢？

此外，媽媽認為自己對於我的學習成就根本沒有什麼要求、期待，哪來的管教不當？再說小學生會有什麼壓力？爸媽又帶著我去到另一家醫院，仍然得到差不多的結論，只好依照醫師的指示，在我又有自言自語的情況發生時，就給我服用一些不知道是什麼成分的藥物，好讓我「閉嘴」，看起來正常一點。

事實上，服藥之後的我，並沒有因此而不會再看到那些無形的存在，只是我自從知道自己的行為會被視為有病之後，便開始懂得如何看大人臉色說話，明白不要在大人面前無所忌諱地跟無形的存在說一些沒有人聽得懂的「鬼話」。

似乎我心裡明白自己的言行跟這樣的疾病標籤並無絕對的關聯，只是人們看不見我所看見的世界，卻也不認為看起來很可以信賴的醫師會診斷錯誤，所以我寧可相信自己真的有病，必須配合用藥，並以被期待達成的效果去行事，說服自己這個藥是對自己有幫助的。如果那些無形的存在會因此不再接近，還是小孩子的我，會看起來比較「正常」嗎？對於當時不懂得如何解釋無形的存在是因為想請求「通靈小孩」去協助完成某些任務的我，真的想不出如何在有形和無形的存在之間進行溝通。

受不了藥物所引起的副作用，我開始抵抗必須吃藥的命令，爸媽於是跟我談條件，說如果我不再有這些說不是人話的行為，就可以不用吃藥；如果做不到，就要乖乖吃藥。不吃藥而亂說話，小心被醫師「關起來」。

小時候的我雖然不太喜歡人類，但聽得懂「人話」。有一天，大人們都不在家的時候，我也跟無形的存在很認真地對話，說：以後我們只可以用「意念」溝通，在有人的地方，都不要「說出來」。無形的存在應允了我的請求，我就不再自言自語了，但並不因此而更想要跟人類說話，他們真的很討厭。

然而，不再想要將自己的所見所聞說出來，對當時的我而言，是為了避免自己被貼上「不正常人類」的標籤，卻也因為習於沉默而逐漸展現出書寫的天賦。

如果說千里馬因為遇到了伯樂而能獲得牠應有的價值，那麼致使我變得沉默的人際經驗，便是成就我書寫之天賦的伯樂。儘管我的書寫從無意識地切割過去到有意識地使其發揮療癒功能的過程中，也經歷了曲折悲苦的心路歷程，但事後回想起來，卻更加深刻地理解到，這些經驗是以何種樣貌成就了我的天賦，進而形成我在重整經驗意義、找尋自我價值時的內在資源。

第五回

姐！我的爸爸不是妳的爸爸

「看到這則新聞，讓我想到我有一個高中同學，她高中還沒有畢業就懷了小孩，之後就奉子成婚，那時候她才只有十八歲啊！想不通有些人為什麼那麼年輕就想跟男人有那種關係，什麼事都還沒有做成，滿腦子就在想那種事，真噁心！」媽媽經常性地在家裡以如此強烈負面的評價，批判著那些很早就進入婚姻、很年輕就有了孩子，且同為女人的朋友。

這是我家庭生活的日常，若不聽見也罷，一聽見這樣的說詞，我心裡總有一股說不出的難受，明白我少女時期的際遇，將永遠不可能在這個家中浮出水面。

性事在媽媽的眼裡是如此的醜惡，是為了傳宗接代而不得已的行為，我自小看著爸媽睡覺時房門都是開著的，就像是在向他們的子女宣示說，他們不會像很多人一樣，在夜深人靜時，做那件「見不得人」的事情，教壞小孩。

如果媽媽有機會知道，我在十五歲時就有了初夜，還跟那麼多不打算成婚的男人發生性行為，那麼，我在這個家裡的位置恐怕比一隻狗還不如。我是個父母沒教，會自己學壞的孩子嗎？媽媽內在根深柢固的保守性價值觀，容不下我以拯救家庭為由而發生婚前性行為。

傳統和保守似乎並不總是一體的，而且是兩個完全不同的概念。傳統的女人多在初經來臨時就已經有了婚姻，未滿十六歲就懷上了孩子一點也不稀罕；又所謂的保守，只能說是她們在成婚之前必須是處女之身，或若是真的未婚懷上了孩子，就得奉子成婚。

傳統女人們之間的比較，是誰先有了兒子，在夫家的地位便大幅提升，而不是誰擁有了最長時間的處女之身，但媽媽獨有的性價值觀，卻以她在三十歲以前都是處女之身的事實為傲。

每當媽媽批判著時下年輕人對於婚前性行為開放的觀念時，爸爸也總是附和著說，在他事業還沒有一定的基礎時，到三十三歲都還是個處男，朋友都說他們是人世間少有的仙童玉女。女人能在婚前維持處女之身，男人也能夠在事業未有基礎時不去思考性愛，這才是真正的「保守」。

然而，媽媽恐怕永遠不會知道也不想知道，我還知道她的一個祕密，也就是我曾經遇見向我求助的、未出生的弟弟，究竟是跟誰發生關係而懷上的呢？也或許媽媽就像成年早期的我一樣，選擇性遺忘了她不想要記得的生命事件，以為不去面對，就可以把經驗隔離於當下的自己之外。

我一直深信著自己成年之後因與恐怖情人不期而遇，最終走上人工流產之路，在某種程度上，必然與媽媽曾不明原因而人工流產有關。換言之，我一直有個信念，認為為人子女或多或少會承襲自己父母的命運或價值觀的某個面向。我無法很具體的描述這個現象所根據的理由，僅憑我對自己及周遭他人經驗的觀察而有此宿命論的觀點，然而，媽媽未曾親口提及有關人工流產的這件事情，我又是如何知道的呢？

正因為我自從有記憶以來，總是會看見無形的存在，而這個不曾真實存在過的弟弟亦是如此被我看見的。在我十一歲那年，經常看見一個身形很小很小的小男孩靈，因為後來知道他是未出生的弟弟，就管他叫「喵弟」吧！他的大小甚至沒有一般嬰孩的尺寸，且身上多處流血，總是站在我的書桌旁跟我說，如果他能變成人類，想要跟我一起上學，他渴望著體驗人世間的精采生活。

起初，我問不出喵弟不能成為人類的原因，也不知道他從哪裡來，卻覺得喵弟的五官樣貌神似媽媽。喵弟似乎總是想跟我透露一些什麼訊息，但卻說不出所以然來，當他出現時，只是默默地蹲坐在我書桌旁的小凳子，以一種意圖被關注的眼神，看著我做功課。

有一天，我突然有個靈感，詢問喵弟是不是我的弟弟？喵弟點了頭說是，於是我繼續追問下去可以怎麼讓他好走？怎麼樣可以讓他擁有一個不再流血的身體？喵弟回答說他是在距離我家往南走一公里左右的一間診所被拿掉的，醫師的手段非常殘忍，把他剪得肢離破碎，很痛很痛，需要我協助「超渡」他，讓他可以投胎到一個完整的身體裡面。

「為什麼你身上會流血呢？」

「我沒有出生過。」

「為什麼想要找我呢？」

「妳的媽媽也是我的媽媽，可是我的爸爸不是妳的爸爸，這樣妳願意幫助我嗎？」

「怎麼樣可以幫助你來到這個世界呢？」

「我被媽媽請人拿出來了，拿出來之前，他把我剪碎了，我的身體好痛。菩薩說，如果沒有人可以渡我，我出生之後也會一直很痛。」

「那怎麼辦？」

「妳可以幫助我嗎？外婆帶妳去的那間寺廟裡有個菩薩，說可以幫助我，帶我去好嗎？」

那一天午餐後，喵弟先是引領著我從家裡往南走了十五分鐘左右的路程，真的看見一間玻璃上寫著能做人工流產手術的婦產科診所，便不疑有他地進去詢問是否可以看媽媽的病歷。診所人員詢問我的身分後，說媽媽是在大約一年之前有在他們的診所進行人工流產手術，但不能直接把病歷資料拿給我看，只能告知我說確實有這麼一件事情發生過。這時，喵弟在我身邊拉著我的衣角說可以離開診所了，要去那間寺廟。

我再帶著喵弟來到外婆也常帶我去的那間寺廟，問了寺廟人員如何可以送走家中未出生的小孩？寺廟人員給了我一本《地藏王菩薩本願經》，指示把經文念四十九遍，迴向給嬰靈即可。喵弟在我身邊點點頭，示意這就是他所需要的協助。

我回到家後，花了四十九天的時間，讀經給喵弟聽，喵弟也真的在第四十九天後，就此消失不見了。臨走前，喵弟的身體變得完整，不再流血，我感到非常開心，可以說，這是我童年時期感到最有意義的一件事情。

第六回

初夜

我並不是完全被動地被人蛇集團抓去賣的，而是懵懵懂懂自找上門……，哦不，是我就讀的學校和行蹤被發現後，在被逼問爸媽的下落時，自願從事集團所安排的工作以表示清償債務的誠意。只不過，當年已經十五歲的我，真的對於自己身處的危機什麼都不懂嗎？倒也不是。

在我小學畢業前，爸爸因投資事業失敗而有了對地下錢莊的負債關係，房子沒有了，帳戶裡的存款數字也成了負數。爸爸遭遇了如此重大壓力事件之後，變得有些失志，總是以應付的態度在面對這些地下債務，或計畫著如何透過親友的關係到中國發展，以逃避這些債務的糾纏。在那個法治觀念較為薄弱的年代，一些債權人習於透過黑暗勢力來爭取債務獲得清償的可能性，騷擾、脅迫、恐嚇，甚至直白地建議債務人及其保證人，可以透過他們的媒介，進入高報酬的酒店工作，並誘之以利地使酒店小姐逐步陷入賣身之地。

我曾經聽聞債權人僱用的人們或合作的幫派集團，為了自己催收的業績，請求爸爸考慮允許當時年輕貌美的媽媽從事特種行業，以利益雙方，但爸爸堅持不讓媽媽有接觸其他男人的機會，儘管前來家中遊說爸爸的人們再三保證只讓媽媽做櫃台的接待工作，或協助點餐之類的雜務，但明眼人都知道，接待工作只是一個話術，真進到酒店工作的女人，甚少能把持得住自己的身體界限。

每當媽媽聽到爸爸又接起了這樣的電話，便會在一旁以極端嫌惡的語言，對著爸爸手上的話筒飆罵電話另一頭的人們。我心裡很是明白媽媽的心思，總想著該做些什麼，可以化解如此令人難受的家庭氛圍。

我未曾想到過在黑道大哥找人等候於家門附近的那段日子，已經注意到我這個清純可愛、白白淨淨的小少女。後來不明原因，黑道大哥知道了我就讀學校的位置，為了找到跑路的爸爸和媽媽，他多次親自或另外派員等在我的學校門口。好幾次，我一看到他們的影子，都找藉口脫身了，但有這麼一天，他們不耐煩了，恐嚇我再不正面回應他們的問題，要另外派人不留痕跡地把我父母「做掉」，讓我無家可歸。這一招夠狠，我真是嚇到了，乖乖跟隨黑道大哥的暗示，被引入了一個很少人進去的ＡＴＭ室內提款空間。

黑道大哥以凶神惡煞的口氣和眼神，逼問爸爸和媽媽到底搬到哪裡去了？我不敢說出來，於是怯懦地問了他一句說：「可以讓我幫你工作清償債務嗎？求求你不要去找我爸媽。」黑道大哥把我全身上下打量一下，說：「行吧！我這就帶妳去我集團下的公司找工作，上車！」我突然不太記得上了陌生人的車會有什麼下場，但管不了這麼多了，反正看起來也別無選擇。

黑道大哥把我送到了一個像是娛樂場所的包廂裡，裡面有一些穿著同款黑色上衣和牛仔褲的男人女人，他們的身上都有刺青，有的大聲嬉鬧，有的吞雲吐霧，看起來就是非善類的人們，桌上堆滿了酒瓶、菜盤以及賭博用的器具，我似乎感覺到要發生大事了，卻又很天真地想知道究竟黑道大哥有什麼方法幫我安排能夠清償債務的工作。

我先是被引進了包廂內，黑道大哥問說「坐檯陪酒」妳會嗎？我搖頭說沒有聽過，也不敢喝酒。但還等不了黑道大哥把工作內容介紹完畢，我已經被滿室的煙霧嗆得呼吸困難了。黑道大哥忽然感覺不大對勁，認定我的氣質和談吐能力似乎都不太適合做抛頭露面的接待工作，也沒有說服我改變形象的意願，卻改口說：「妳月經來過了嗎？」我好像知道將要發生什麼事情，嚇傻了，整個人貼在牆上，低著頭回答說幾個月前剛來。那個時候雖然是寒冷的冬天，但我嚇得全身溼透了。

黑道大哥並沒有要徵求我同意的意思，拿起相機，命我抬起頭、站直身，對著我拍了幾張照片，再把照片傳至一些獵人們的電郵中，以簡訊和電話一一詢問有沒有人願意買下十五歲少女的初夜。我渾身顫抖地緊緊抓住自己的隨身包包蹲在牆角，祈禱著這個人不要出現。

然而，事與願違，大約過了二十分鐘，一位自稱是政界人士，不便透露真實身分的人回電話給黑道大哥，談判價碼，並且很有興趣地詢問了我的三圍、體重、膚色等等。就在此時，黑道大哥離開原本坐的沙發，走向我蹲坐的那個牆角，命我站起來，又呼喚了那群黑衣人的其中一位說：「阿斗，把捲尺丟過來我這兒！」一位黑衣男人一副不耐煩的表情，放下手上的啤酒，又掏掏牛仔褲口袋，把捲尺咻的一下往黑道大哥的方向丟過來，還被接個正著。

黑道大哥眼神銳利地看著我說：「妹子，把妳的上衣拉起來，還有內衣。」我看著旁邊的一群人，不敢相信他要我在這群人面前把外衣和內衣都拉起來，只為了「裸量」我的身體最被獵人們在乎的尺寸。望著我驚恐而遲鈍的表情，黑道大哥便大笑一聲叫說：「喂！你們這些人，不要盯著人家看，把頭全部給我轉過去，我要幫妹子量一下三圍。」

一群黑衣人便嘻嘻哈哈的把頭轉過去，他們當中的一個人還說：「都要去賣的人了，還怕人家看喔？老大，你確定她做得來嗎？她看起來根本還搞不清楚狀況吧！乳臭未乾的小孩，叫她媽媽來帶回去教一教再送上門來吧！」

黑道大哥以自信滿滿的口氣說：「不用了，我自己來教！是女人就能做，只要她願意跨出去！」他正經八百地警告我，只要我肯做，願意配合，就能做得來這份工作，不要想找理由推拖清償債務的承諾。不做，又不供出父母的住處，就看他們命夠不夠大。

待那群黑衣人都聽從命令，把頭身轉向另一側牆壁時，我還是對於眼前一個才剛有了交集的男人，就想看清楚我身體的全部樣貌感到有些憤怒，遲遲抓著衣角，不肯把衣服掀開來。黑道大哥沒有耐性了，把我的手移開，毫不留情面地掀開我的上衣並解開內衣，命我用手拎住上衣以及被鬆開的內衣，便把冰冷的捲尺直接從我身後往前繞了一圈，還故意把捲尺的刻度直接放在我的「兩點之間」，順便用手捏一捏我的雙乳，感覺我皮膚的觸感，以便跟客戶更具體地描述我的身體樣貌。

黑道大哥喊出了量到的三圍，一面拍照一面要那些黑衣人以記憶或紙筆協助他把尺寸記錄下來。我對於在公眾場合被裸量胸圍感受到很強烈的羞恥，手一直不由自主地顫抖著，臉上的溫度不斷升高，不敢直視黑道大哥的眼睛，緊抓住已被掀開的上衣，遮住臉部，不想要被他們看見自己臉紅的樣子。

直到那把捲尺離開了我雙乳的位置，我趕緊把內衣扣上，鬆了一口氣。胸圍與腰圍量完後，以為沒事了，沒有想到，黑道大哥又粗魯地把我的運動褲和內褲拉下來到大腿的位置說：「客戶要求，臀圍也要裸量的尺寸。」我不由自主地緊夾著雙腿，似乎害怕褲子完全掉下去，不敢多看一眼黑道大哥當下的表情，閉上眼等待他完成測量。

更令我渾身發毛的是，我感覺到黑道大哥一面測量我的臀圍，一面確認我下體的「顏色」。量完臀圍後，再用手撥弄了一下我的陰唇，命我把緊閉的雙腿盡可能地張開成M字形，並就地坐在地板上，以便他拍一張「特寫」傳給正在詢問的客戶，嘴裡還念念有詞的說：「我果然沒有看錯人，妹子的身體從上到下無論皮膚、乳暈和陰唇的色澤都如此完美，她的初夜至少要從十萬元開始談判！」我明白此時的自己，在他的眼裡，已然是個有價值的交易籌碼，而不只是個想要找工作的年輕人而已，但在那麼多人的場合，我心裡害怕卻哭不出來。

裸量三圍完成後，黑道大哥要那群黑衣人把他們記錄的尺寸報告出來，然而，現場似乎沒有人有心記錄我的尺寸，覺得他們的老大要抓一個笨拙的小女孩去賣，根本是個笑話。有一個女人原本在咳嗽，見無人回應，便清一清喉嚨，聲音仍然有些沙啞的大聲報告說：「胸圍七十一A、腰圍六十、臀圍七十九。」黑道大哥把這些數字輸入簡訊後，傳給正在詢問的獵人。

在第一個詢問的獵人還沒有回電之前，又有另一個獵人也回了電話給他，詢問我的身高、體重，想要找一個未滿二十歲、身材高挑、穠纖合度的妹子。黑道大哥把衣衫不整的我推向牆上的身高量尺，有點失望的說：「夭壽喔！竟然連一六〇公分都沒有！一五九公分是存心要跟我作對嗎？」再命我報告體重，我顫抖回答說，大約四十或四十一公斤吧。插隊詢問的獵人在電話的另一頭大聲說，他要一六五公分以上的，這個太矮了、沒有肉的他不要。

黑道大哥繼續拿三圍的數字遊說第一個回電的獵人給個明確的答覆，對方的聲音聽起來仍然興致勃勃，也有意願買下我的初夜，從被擴音的手機傳來的聲音及談話內容，聽起來像是個經常有閒錢買下少女初夜的人。這個交易談判很順利，雖然對方稍微議了價，但我的初夜仍被以九萬元成交了。黑道大哥顯然並不想給我反悔的機會，粗暴地把我帶離包廂後，再度將我趕上剛才送我來這個地方的那輛汽車，說要帶我去見這個獵人，保證他將用最溫柔的方式讓我很快地學會如何做好出場後的工作。

到了一間人很少但裝潢華美之咖啡店，在露天用餐處，我見到了一位年近五十歲的男性，皮膚黝黑，看起來還算斯文。他的真實身分是否同他自己所言，我並沒有興趣知道，只覺得他是來狩獵的，就管他叫「黑獵人」吧！我不安地看著黑道大哥和黑獵人的對話，聽他們談論著要和一位初夜的少女上床，雖然對獵人們而言是個尊貴的體驗，但勢必也會遇到相當程度的困難，看要以休息的時間或陪睡整晚的方式進行都可以。

黑道大哥並暗示黑獵人說，如果過程中發生很大的困難而無法成功，一定會把我的第一次保留一個禮拜，不加收任何費用把該完成的任務達成，「如果第二次交易，小喵還無法完成任務，」黑道大哥一面說話，一面拿出一支針劑，「把這個東西打在她身上，保證讓她百依百順。」黑獵人說，好的，沒有問題。我愣愣地坐在這兩個人的身邊聽著他們的談話，不知道自己身在何處，任由身體無法控制地顫抖著，不敢恣意反抗，全身無力到了連逃跑的意志都使不出來；更確切地說，那種不想逃跑的無力感，是不敢去想如果逃跑了，後續將要面臨的挑戰會更加嚴峻。

談判完成之後，黑道大哥忽然想起了一件事情，命隨車來的另一位女人協助我整理容貌，並告訴我可以稱呼她蜜糖姐姐。蜜糖姐姐把我拉進了這間咖啡店裡面一間空間很大、亮麗乾淨的身障人士廁所，鎖住了推門，我驚慌失措，不明白她想要做什麼。

在廁所裡，蜜糖姐姐開始安撫我，並表示自己也受僱於這個集團，入行時只有二十一歲。她跟我說自己出生在父母都犯罪被關的家庭，她是家裡的老大，為了籌錢給弟弟們上學和生活，不小心債務纏身，每天醒過來就是繳不完的帳單等著她處理，高職沒有畢業的她，無論做什麼工作都報酬不高，難以脫離債務，只好每天晚上繼續在酒店兼職，憑著幾分姿色和舞蹈天分，漸漸成了客人眼中的紅牌小姐。

蜜糖姐姐對於這樣的職業身分並沒有一丁點兒的抗拒，她有著一種亮麗而成熟的女人味，且氣質乍看之下，全然地跟我稍早在包廂內看見的那些男人們的形貌融合在一起。儘管企圖以外貌優勢來追求在短短的幾年內擁有財富的心思是出於不得已，但看著她以熟稔的言語，回應黑道大哥不合理的要求，我從她的眼神中，彷彿看見了優酪乳加上蘋果時那種混合著酸的甜味。在這樣的職業角色中，她能活出自己的一片天地，光鮮亮麗的形象背後，隱藏了對危機和悲傷的無視，我對於有一天可能變成像她這樣的人，有著一種無來由的抗拒。

蜜糖姐姐在二十四歲時結婚，有了自己的家庭和子女。她詢問我為什麼才第一天進入集團就被帶出場？為什麼沒有試著從事接待和陪酒的工作，等滿十八歲才出場呢？我回應她說，因為不敢喝酒，又呼吸道過敏，對酒店內的菸味太過敏感，以及黑道大哥認為我的氣質和談吐無法從事那樣的工作。蜜糖姐姐表示她能明白有些人是無法在人群之中放得開的，但面對一個人的環境，也許是更合適的選擇。

我感覺蜜糖姐姐有點兒過度詮釋了我的來意，趕緊澄清說：「但如果不能留在這裡工作，黑道大哥有一天可能會找上我爸媽。之前我跟爸媽住在一起時，媽媽常常無來由的在哭，我擔心如果讓她遇到他們這些人會更承受不了，我想我與其看著她哭卻幫不上忙，不如我自己來試試看，也許我可以做得到。」

蜜糖姐姐雖然認為黑道大哥對那時候還未滿十八歲的我做出這個帶出場的決定太過魯莽，但交易談判已經完成，沒有反悔的餘地了，反正乖乖聽話比較好。接著，她要我把褲子「全部」脫下來，要幫助我清除身上多餘的「毛髮」，我把運動褲脫了下來，便愣在那邊。

蜜糖姐姐繼續以教導的口氣說：「內褲也要脫下來呀！等一下跟那個叔叔進去房間時，我可不能陪在妳身邊唷，妳自己要主動配合他，懂嗎？」我覺得很難為情，一直想做無謂的抵抗，蜜糖姐姐繼續安撫我說，一回生二回熟，很快就會適應了，帶出場的好處是工作時只需要面對一個人，又是在隱私的空間裡，其實沒有人會知道妳做過什麼事，做完之後妳還是可以像是什麼事都沒有發生過，在未來的某一天遇上願意疼惜妳的男人時，跟他在一起。

我看著蜜糖姐姐那堅定的眼神，覺得她所說的似乎也不無道理，且她並沒有要傷害我的意思。忍住快要噴出來的眼淚，我鼓起勇氣把內褲脫下來了。蜜糖姐姐要我先坐在馬桶蓋上，雙腿盡量打開。她從一個小盒子裡取出溫熱的溼毛巾，把我下體的皮膚都擦拭乾淨後，拿出一條事先準備好的除毛膏，要我看清楚如何安全地除去這個部位的毛髮。她先是熟練地擠出了適量的白色乳狀物，再小心翼翼地協助把我外陰皮膚上的毛髮處理乾淨，並交代我完事之後記得把「事後避孕藥」吃下去，整個過程大約二十分鐘。

蜜糖姐姐把我從廁所帶出來後，向黑道大哥報告已完成任務。黑獵人便接著把我趕上了他自己的車，命我坐在副駕駛座，方便他好好地看清楚這個清純又有點呆萌的小少女。我坐上了車，車子也駛了一段路途後，忽然感到腦袋空白，不知道哪來的勇氣，跟黑獵人說不要了可以嗎？

黑獵人嚇了一跳，把車停在路邊，把手伸進我運動服下的內衣裡面，說道：

「放心吧，我知道妳是第一次，我會很溫柔的對待妳。」另一手摸著我被汗水沾溼的頭髮，溫柔卻不懷好意地繼續說：「不要怕，我不會讓妳受傷的。妳真的好可愛，怎麼會在這種時候才反悔呢？妳甚至不知道自己現在在什麼地方吧？我是不會讓妳臨陣脫逃的！」

我望著車窗外，感覺來到市郊一個陌生的區域，拜託黑獵人不要把我帶去太遠的地方。黑獵人說不要擔心，工作結束之後會有專人帶我回去學校，一定不會讓我今晚的行蹤被人發現。想到自己即將不再乾淨，我忽然悲從中來，把一直忍住的眼淚噴出來了，跟黑獵人說：「我真的怕我做不到。」黑獵人繼續安撫我，說他最擅長「教導」初夜的少女，只要跟隨他的指示，任何一位沒有經驗的少女都一定能完成任務，且會很開心自己被以有利可圖的方式「開苞」成功。

我覺得自己好像少說了一句話，並不只是擔心自己做不到，而是不想要讓這件事這麼早發生，以及在這樣的情境下發生，但我說不出來，只是不知道事情怎麼會這麼快就發展到這種地步，感覺自己一直以來努力維持品學兼優、潔身自愛的形象就要畫上句點，即使不說出來就沒有人會知道我下海賣淫，內在那一個純潔無瑕的小女孩亦已不復存在。那時候的我應該有著某種程度的處女情結吧，也或許是因為自己國中時期，因為乖乖牌的臉蛋和特殊的家庭境遇，總是很容易得到某些師長的特別關照，我心裡對不起那些對自己好、期望自己成材的師長，再想起當初考進自己就讀的這間學校時，名列前茅，多麼風光，而現在卻淪落為淫窟人士的交易籌碼，再也收不住已經噴出的淚水。

車子開進了一間被花園人工造景圍繞的汽車旅館，經過櫃台時，櫃台人員用奇異的眼神看著我身上的運動服，似乎很想看清楚我是就讀哪間學校、大約是什麼樣年齡身分的學生。黑獵人發現櫃台人員的眼神有異，立即拿了一件外套命我穿上，我感覺那件外套有種濃烈的、只屬於黑社會男人身上的體味，有些抗拒地只將外套蓋住衣服上印有校徽的位置。

櫃台人員基於職業性的反應，趕緊將注意力移開，避免讓黑獵人感到不自在而放棄消費。我那時真的很希望櫃台人員能夠多管閒事一點，但櫃台人員看起來並不打算進行下一步的行動。我感到手足無措，覺得自己身處天羅地網之中，就像是被捕魚網圍捕進網的魚，出水之後便任人宰割。

車子接著駛進了停車間，熄火後，我仍然坐在車裡不敢出來。黑獵人走過來副駕駛座這一側的車門，開了門，把身體微微顫抖著的我給抱了出來，此時我已經害怕到不知道如何走路，哭哭啼啼說我不要我不要，卻只能雙腿軟軟的站在車門邊，看著黑獵人把門關上後，從背後環抱我的上半身，推著我進入房間內。在反抗無力的處境下，我只能乖乖地跟著引導走進房間。

「妳先去洗澡吧！」黑獵人見我漸漸回過神來，終於又說出了下一步指令。然而，黑獵人並不是因為很有耐性才願意慢慢引導我，而是他對於我如此抗拒被玷汙的反應，感覺特別有趣，也一面在細細品味著、想像著像我這樣乾淨無染的女孩，是發生了什麼事，以及，我究竟是單純笨拙到什麼程度，才會如此順利地掉進這個有如地洞井底般的社會陷阱？

「洗澡？」我望著被巨大玻璃牆圍繞著的浴室外圍，很驚訝地看著裡頭的設備，滿心懷疑為什麼浴室是長這個樣子的？玻璃門內部並沒有簾子，從玻璃外面就可以清楚地看見裡頭的各種擺設和布置風格，當然也包括在這裡面沐浴的人。

真的要在陌生人面前，進去這種地方洗澡嗎？浴缸有如溫泉池子般的大小，在這樣的空間洗澡，格外沒有安全感，而且黑獵人的眼神還無時無刻緊盯著我不斷緊張流汗的身體，以及每一個極其不自然的動作。我心裡掙扎著，說不出是什麼滋味。

黑獵人看到我吃驚的望著這個沒有簾子的沐浴空間，對於這樣的空間設計感到陌生與徬徨，這會兒真的確認我是第一次來到這種地方，沾沾自喜地說：「對啊，我們要在這個地方洗澡！」

看我還在發呆猶豫，黑獵人便趁我不注意時，從我身後精準地一把抓住我的上衣和褲帶，使了一個小小的勁兒，就把我扒得一絲不掛，並迫不及待以他流汗且微微發熱的手掌，揉捏著我白皙光滑的皮膚。我嚇壞了，用力而快速地掙脫了黑獵人的手掌後，全身縮起來，蜷曲在床裙邊，想抓住床裙遮住自己光溜溜的身體。

在華人文化的脈絡之下，身為一個女人，最悲傷的事情莫過於把自己的第一次給了一個陌生男人、一個並非與自己以相愛為基礎而發生身體上親密接觸的男人，無論是意外還是出於自願的性交易，那種分不清是來自價值觀的內化，抑或是來自自己心裡渴求真正被愛卻又反其道而行的悲傷，深深地烙印在我的內心深處，如影隨形地跟隨著我一輩子。

黑獵人似乎覺得我害羞地跟他躲迷藏的樣子特別有趣，他先脫下了自己全身的衣褲，再把我從床裙邊抓起來，哈哈大笑地說：「就這麼一個小小的房間，妳躲在那裡是要等誰來救妳？就算時間到了我也還可以再加啊，小天兵！如果妳不想跟我耗整個晚上，就請妳合作一點！」

接著再一次環抱我，抓住我的雙乳，拖著我往浴缸的方向前進，也就是說，我在這個當下，是背對著黑獵人，倒著走路的，特別可以敏銳地感受到自己的身體直接碰觸到了另一個毛茸茸的身體。那種感覺很奇妙，我從來沒有想過原來碰觸到男人的身體是這種感覺，好像自己是靠在一個巨大有毛的動物身上，欸，那巨大有毛的動物，若是一隻比人還高的絨毛玩偶該有多好？我想像著那個舒適安全的畫面，讓自己的肢體動作可以自在一些。

我被抱進浴缸裡坐著，黑獵人走向另一邊，把放置在洗手檯上的芳香物品倒進浴缸中，一面哼著歌，把水龍頭的水開到最大。在溫度剛剛好的水中，我漸漸明白自己的處境，放棄掙扎，好好地把自己洗乾淨。

沐浴後，我緊抓著浴巾坐在床邊，緊張地等待下一步的指令，此時雖然很害怕但已經不敢再反抗了。黑獵人坐到床中間，命我把浴巾拿掉，往床中間靠過去。我乖乖地把浴巾放下來了，低頭看著自己已經赤裸裸的身體，再看一下此時笑得很淫穢的黑獵人，禁不住感覺自己像是一隻被得逞的獵物，無助、驚恐、焦慮。

另一方面，我又害怕著若做得不好，出了這個房間，黑道大哥將會以什麼樣令我害怕的方式找麻煩，甚至繼續逼問爸爸媽媽的下落，那這幾個小時所忍受的一切就白費工夫了。想到這些，我又回過神來，聽話地爬上床，用膝蓋走路，往床的中間靠過去，雙手不由自主地抓住被單，剛沐浴過的身體又開始流汗了。

黑獵人見我似乎做不到放鬆，命我先斜躺在枕頭上，身體與床面呈四十五度角，這樣的姿勢使得我可以很清楚地看見他在我眼前的一舉一動。黑獵人將雙腿蹲跨在我的身體兩側，先是親吻著我的額頭、耳朵、臉頰，接著將他的雙手從我的脖子、肩膀開始往我的胸前移動並停留在此，不斷地玩弄著我的雙乳，以他的嘴巴含咬並吸吮著我的乳頭，彷彿是一個未曾被滿足受哺育需求的大男孩，誤把一個小女孩當作他的母親般地滿足自己的慾求。

我原本竭盡全力使自己理智而冷靜地服從黑獵人的每一個命令，但看到這一幕，我的思緒被無來由的嫌惡感完全地占據，開始崩潰大哭，眼淚不聽使喚地向下滑落在自己的身體上，黑獵人似乎吃到了我鹹鹹的淚水，抬頭望了一下我淚眼汪汪的表情。

當我們眼神交會的那一瞬間，我害怕得立即將頭撇向另外一邊。黑獵人感到有些不悅地說：「馬的妳就不能試著好好享受被愛撫的感覺嗎？不要弄得好像我在欺負妳一樣，像我這樣這麼擅長讓女人舒服的男人，多少的女人想要還求之不得！難道妳今天來到這裡，一開始沒有一點兒自願的意思嗎？」

我聽到了他試圖對我洗腦所忍受的痛苦都是咎由自取，內心的罪惡感更加強烈，也因緊張而全身僵硬，不一會兒就開始感到乳頭有陣陣的疼痛感，使勁地想要翻身，但兩腿都被壓住了，動彈不得，卻也沒有勇氣以還能活動的雙手推開眼前的黑獵人，只能不斷地以不符合期待的眼淚，試圖消減他的興致，並不停地喊痛，哀求眼前的黑獵人將力道放輕。

看著我動彈不得、苦苦哀求的模樣，黑獵人又開心地笑了，雙手繼續往我身體的其他部位移動，滿意地讚美著我的皮膚天生麗質，白白的、軟軟的，雙乳的線條如此自然，不像那些身體樣貌經過整形的女人，一眼就看出她們身體的虛偽做作；如果說，從其外貌可以窺視她們言行中的虛情假意，那麼我就是個無論外貌或內心都無瑕而天然的美好存在。

初夜少女的誘惑，就在於他們成人世界對純淨情感需求的投射吧。他說我美中不足的是胸前的皮膚有明顯的刀疤，但一點兒也不影響他想要吃掉我這塊嫩豆腐的胃口。

折騰了將近一小時的「前戲」，黑獵人的老二漸漸變得粗壯有力，於是把我的雙腿拉開來，準備「插入」。然而，不知道是我太過緊張還是黑獵人太過大力，我明明已經感受到一陣陣有如皮膚被撕裂般的劇烈疼痛，卻還沒有完成被插入的任務，黑獵人有點兒惱怒了，好不容易才變得粗壯的老二，像是洩了氣的氣球，瞬間回復原狀。

見黑獵人從溫和又開心地玩弄我的樣貌突然變得惱怒而陷入僵局，我知道自己犯錯了，且是不知不覺中犯了男人的大忌，連忙說對不起，像是哀求黑獵人不要在黑道大哥面前說自己無法承受這樣的工作安排，又像是想證明自己可以說到做到，害怕黑道大哥如果因此嫌棄了我，也會想盡辦法找到媽媽，以同樣的方式去逼迫媽媽出賣身體，那麼我就會覺得自己是個沒有用的小孩，成事不足，敗事有餘。

我自從明白自己自小體弱多病又會胡言亂語，總被認為是家中那個不被期待的小孩後，一直很努力想證明自己可以成為有用的人，即使違背良知、冒險從事性交易為父母清償債務，也或多或少是帶著如此的意圖。這樣的行為，究竟是為了拯救家庭，抑或是滿足自己被在乎、被愛的需求，當時的我也難以區辨。

儘管那時的我仍奮力想要完成任務，但卻不由自主地把雙腿夾緊，極度害怕受傷的感覺，使得眼前的黑獵人漸漸沒有了一開始的興致，改用手指插入。

再一次，黑獵人用力把我的雙腿掰開，將他的手指放進去我的陰道裡，我感覺比第一次更疼痛了，顧不了形象地放聲大哭。但不知道發生什麼事，仍然沒有順利完成任務，黑獵人氣惱地說才只放進一公分就進不去了，到底是要怎樣？沒有遇到過抵死不從的初夜少女，連自己主動把腿張開、迎合男人的基本動作都教不會！

見黑獵人真的開始不耐煩了，我不知如何是好，那種今天完成不了任務的恐懼變得很有現實感，因此翻身來到床下，跪求黑獵人想辦法讓我能夠順利完成任務，以便跟黑道大哥交代。此時，黑獵人忽然想起黑道大哥交付給他的那個針劑，雖然很不願意讓它派上用場，顯得自己雄性薄弱，但又很不甘心自己將會輸在這一場以昂貴的代價買來的遊戲。

「上床！」黑獵人再一次命令我從地毯上回到床上，把針頭往我的左手臂刺下去。我對於被注射的痛覺並不那麼敏感，只是驚呆地看著黑獵人。我不太清楚這是什麼東西，以為是一般鬆弛劑之類的藥物，黑獵人見我沒有提出疑問，也不打算主動解釋，僅僅避重就輕地說：「這樣一來，妳就會慢慢地放鬆身體，等一下我再插妳時，妳就不會痛了。」我不得其解，也沒有勇氣追究真相。

不太記得過了多久，看著黑獵人繼續以雙手玩弄著我的身體，但我身體的感受漸漸麻痺了，輕飄飄的，沒有任何痛覺，感覺像靈魂出體般的輕鬆愉悅。就在這個當下，我的眼前出現了好多無形的存在，整個房間的氛圍變得跟剛才很不一樣，在那些無形的存在背後出現了一座美麗的花園，眼前的黑獵人也變成了另外一個特別溫柔又帥氣的男子，有如進入童話故事般的情境，但因為眼前這個外貌變成另外一個人的男子體溫猶存，所以我以僅存的理智，仍可以辨認出他依然是剛才的黑獵人。

在黑獵人身後這些無形的存在，跟我在其他地方看到的那些，似乎又有些不同，祂們的形體是完整的，甚至可以清楚地看到祂們的面容對著我流露出一種憐憫而無奈的表情，明示我必須以堅決的態度脫離這個狀態，否則我的人生將會越來越糟糕。

但祂們好像不會用意念溝通，我因而開始喃喃自語，並試圖透過與祂們的對話，釐清自己現在究竟在做夢還是活在現實中。無形們跟我說：「妳正在真實經驗妳的第一次。不用懷疑，妳會看到我們是因為剛才黑獵人打入妳身體裡的東西是毒品。」我嚇呆了，喃喃自語地說：「毒品？他要謀殺我嗎？怎麼可能？我被下毒？我現在究竟是已經死了還是活著呢？」

但黑獵人興致高昂，開心地高歌著，就像剛進入這個房間的浴室時那樣，哼唱著一些能夠表達他的心情的歌曲，並沒有聽見此時如同死魚般動彈不得的我竟然還會喃喃自語說著鬼話，我也不敢直接詢問黑獵人打了什麼東西在我身上。

看著黑獵人再次成功地讓他的老二變得粗壯起來，露出滿足的笑容，把我的雙腿扒開，興奮地前後搖動，但我一點兒疼痛的感覺也沒有了，甚至還有點兒心甘情願被眼前那位變得溫柔又帥氣的黑獵人玩弄自己的身體。

然而，或許是我對於身陷淫窟的掙扎之意志力，在被毒品所渲染的幻覺之中仍保有的一點點兒的理智，加上黑獵人身後無形的存在之提醒，我仍然可以感受到自己的血液中有一種特殊的物質在流動，想著到底是什麼樣的東西，可以讓一個活生生的人，對於疼痛沒有知覺，對不喜歡的人因而產生好感。

我就在這樣像是午夜夢迴般的情境，完成了自己的初夜任務。為了使藥效退除完全，我被單獨留在那個房間裡過夜，黑獵人先行離開了。

到了凌晨四點多，我開始感覺到自己下體疼痛不堪，用力且重複清洗身體三次以上，紅色的鮮血從我的陰道內噴出，向下滑落至雙腿，我知道那不是月經的血，是真的因破處且受傷而流的血。沐浴後再也無法入眠，一直哭到早上六點多，遮掩不住紅腫的雙眼，不敢回學校上課，找了個理由請假。

離開這個房間後，我被另一位黑道大哥派來的車伕接回去被安排的新員工宿舍，並且被告知進入集團工作後，為了避免因行蹤可疑引發他人注意，最好有安排工作的晚上，就在這個地方過夜，離我就讀的學校只需不到十五分鐘的公車車程。

我被放下車後，進入還算舒適的單人房之宿舍床上，思緒仍然混亂，腦海浮現出自己國中的時候，一位觀察入微的代課國文老師，聽聞我年年作文比賽進入全校前三名，對於我的學習能力期許特別的高，鼓勵我善用文字天賦，以腦袋取代勞力，賺取稿費支持學習生活所需。

在我國中畢業典禮那天，走出校門時又遇見了她，她摸摸我的頭說，未來若有需要幫忙，隨時可以聯繫她，一定要好好地把專科念到畢業，若有機會深造，可以考慮至大學的夜間部進修。我也信誓旦旦地回應她說，無論未來日子再怎麼艱難，一定循正當管道賺取所需的金錢。回憶著自己純潔善良的模樣，我對著空無一人的寢室痛哭失聲地說：「對不起，我墮落了。」

那一整天，我幾乎都在發呆，不敢跨出房門，偶然開窗看了一眼外頭的陽光，卻發現路人的眼神都在嘲笑我的愚昧，我感覺自己已經是另外一個世界的人了，不是原本我所認識或想要成為的那個自己。

第七回

中毒

儘管我並非完全自願進入這樣一個陰暗骯髒的地方工作，也討厭被玷汙的自己，但不知道是不是那一支針劑在我身上發揮了令人無法抗拒的效力，我忽然像是變了一個人，不知道自己到底是渴望痛苦，還是仍在努力遠離痛苦，一方面妄想著能夠在每次上工時，都像是初夜的後半段那樣，在飄飄然的體驗中就完成工作任務，早日清償與黑道大哥有糾葛的債務，以便無所顧慮地規劃新的人生。

另一方面，似乎覺得在初夜的前半段所體驗到的那種劇烈疼痛，讓我很有身而為人的「存在感」，不知道是忘了要害怕還是已經放棄了自己，此時的我對於一個人在誤入歧途後，若要再重回陽光社會，必須十倍努力的事實並沒有清晰的概念，對於施用毒品是違法的行為亦是一無所知，一心只想著如何在這樣不太真實的感受中，結束這種受壓迫者的生活處境，有如剛落入監獄的犯罪人，渴望著睡一覺醒來，就能回復自由之身。

聽說用掉了我初夜的黑獵人，對於我在被施打毒品後的表現相當滿意，愛上了我看起來驚嚇過度的表情，以及已被反鎖在房間裡仍掙扎逃竄的模樣，使得黑獵人有著一種因狩獵成功而獲得戰利品的快感，希望能夠以每次六千五百元的代價包含提供毒品，每週至少兩次，讓我陪睡過夜，每一次，我也可以從中獲取一千三百元的小費；若當次沒有使用到毒品就順利完成任務，則我可以取得一千六百元的小費。我心裡也明白，他在誘導我全力以赴，克服對娼妓這個職業角色的恐懼或排斥。

初夜之後，我也持續不斷地說服自己只要守住祕密，假裝自己不會說話，沒有人會知道我在離開校園之後從事什麼骯髒的交易。漸漸地，我以更加沉默而冷淡的的態度面對學校的老師及同學，巴不得他們都視我為空氣，以確保自己的另一個職業身分不被他人所知悉。不知道過了多久，每當我進入校園時，真的感覺到自己說不出話來了，再多有關學業成績因此被打折扣的威脅，都無法使我多說一句話。

黑道大哥為了避免我不適應新的獵人而逃工的風險，在獲悉我對於被施打毒品而能夠完全依照黑獵人的需求提供服務並沒有抗拒後，便將我只先安排給黑獵人，直到有其他的獵人願意以差不多的價碼把我帶出場為止。

第二次與黑獵人見面之後，我竟然可以毫無抵抗地走入房間，自己把衣服脫下來，主動進入沒有門簾的浴室中沐浴，並且不在乎黑獵人在自己身邊走來走去，或對我以任何方式玩弄身體的敏感部位。

然而，我並不真的這麼快就適應了娼妓工作，而是我似乎有著一種自我麻醉的能力，明知自己事實上將因為無法放鬆身體而在被插入時感到劇烈疼痛，但當痛苦尚未來到當前時，我卻可以把對這種疼痛經驗的擔憂隔絕於身後，使自己在日常學校生活中，又像是什麼事都沒有發生過的單純學生那樣平凡無奇地過日子，直到親眼看到黑獵人的老二又變得粗壯起來，才開始害怕即將到來的疼痛。

每一次，我都以為自己會做得比上一次更好，很快就可以完全適應被人插入的感覺，但當劇烈的疼痛再度發生時，我還是向毒品屈服了，開始主動懇求黑獵人協助施打毒品，好讓我能夠以滿足他需求的方式完成任務。此外，我可能還有一種完美主義情結，不但渴望被需要，且希望被自己服務過的獵人們都能夠喜歡我，但在我初入行的兩個月裡，事實上根本做不到以自然的方式放鬆身體來滿足黑獵人的需求，只能幾無間斷地仰賴麻醉性質的毒品以說服自己有能力把事情辦好。

這樣子靠著施用毒品而完成任務的日子，約略過了兩個月，隔年農曆春節假期期間，正當我以為自己不會有事時，卻在一次腸胃炎期間，仍然奮不顧身勉強自己上工，又因為受不了被插入的劇烈疼痛而要求施用毒品，竟然就真的中毒，而讓自己的靈魂「飄走」了。

我當下分不清現實還是夢境，也不知道自己是否「還在」，但卻發現自己的靈魂距離身體越來越遠，我忽然感覺不大對勁。站在自己的肉體身邊，看到自己的臉色發紫，又看到黑獵人焦急地搖晃我的身體，粗暴而狼狽地拿器具刺激我身體的敏感帶，我看得很生氣，卻沒有知覺，也無法回應。

黑獵人發現他自己「玩掉」一條人命了，急著向黑道大哥求救、受指示逃離現場後，再派人進房把我送進醫院急救，而我的靈魂，也在整個過程中跟隨著自己身體的物理位置移動，並看著我自己被急救的過程。

就在那一天，黑獵人被逮捕了，我則在自己的靈魂回到身體而清醒後，也被帶進警局做筆錄，但因為我有在學的身分，集團裡的人擔心我的真實身分曝光，引發校方關注，便讓我帶著一張可能是偽造但年齡相符的女孩之身分證應訊，並命我聽從黑道大哥以手機簡訊傳來的指示，必須與黑獵人以同一套供詞說明事情的來龍去脈，都說彼此是兩廂情願發生關係，並無性交易情事。

我被明示也相信了未滿十八歲不會有犯罪前科，雖然心裡真的很想向檢警說出實話，卻害怕若不聽從指導，他們將會對我和我的家人不利，因此堅稱毒品是另一個不認識的人給我的，也不太記得什麼時候、在什麼地點、跟什麼樣的人取得，不知道那是什麼東西；由於聽聞使用毒品可以體驗到美好的性經驗，好奇心使然，誤為使用而中毒，跟黑獵人沒有一點兒關係。

我依照事先安排好的劇本，做出了完美無瑕的供詞，加上當時的身分證和健保卡應是很容易被偽造的紙本樣式，自送醫急救開始至警詢結束，終究沒有人察覺我的真實身分。警詢過程非常順利，但我的心裡很是矛盾，既希望在警詢時脫口而出自己被操控賣淫的真相，卻又擔心著事情鬧大了會變成校園緋聞，將沒有勇氣回去學校面對師長和同學。

我當下無法明白，為什麼很多時候，集團的人都讓我分別帶著十九歲或二十一歲女子的偽造身分證出場工作，以避免遇到警察臨檢或其他意外事故，但在此事件中，我卻是帶著一張與我同樣十五歲女孩的身分證應付司法調查程序？經過後來在法律領域的學習經驗，我才能理解，原來集團的人一直都在知法犯法，特別懂得操弄法律，但不能說是與此事件有關的法律有漏洞，而是他們選擇一個相對輕微的罪名來承擔。

由於這個事件涉及了毒品犯罪以及與未成年人發生性行為之違法行為，又考量到未滿十八歲之人不會有犯罪前科，經權衡利弊得失，犧牲了黑獵人的利益，使他因為與未成年女孩的性行為而受到輕微的處罰，並引導我自白在遇到黑獵人之前，就持有毒品。

當黑獵人與我一起被移送地檢署並分開偵訊時，兩人的供詞依然一模一樣，所遇到的檢察官也似乎對於探究此椿年齡懸殊的性事真相並無積極意志，只想草草結案。

我並不清楚黑獵人後來怎麼樣了，只知道自己因為不慎中毒而使得黑獵人與未成年少女從事性行為一事浮出水面，算是背叛他嗎？但這似乎也是我樂見的結果。此外，我被認定是情節輕微的毒品初犯，而以「附戒癮治療的緩起訴處分」結束此事件的驚險歷程。該處分書命我，哦不，是命偽造身分證上那個與我同年齡的女孩，於一定期間內主動配合醫院的戒癮治療。

黑道大哥派人偽造了我爸爸的身分證，自稱是我的家人協助接送我進出醫院完成任務，創造一種我的家人對此事件參與很多的假象，卻沒有人發現他的態度像是一個根本不在乎女兒從事違法行為的父親，也就是說，集團對於在性交易過程中可能會發生的犯罪風險和處理方式，早已有一套精心設計的因應模式。在這件事情發生後，我就再也沒有見到過黑獵人，卻老是覺得在電視政論節目裡，有一個人長得很像我記憶中的黑獵人。

知悉施用毒品是違法行為後的我，對於繼續留在人蛇集團中工作，有了更接近現實感的恐懼，知道自己不能再冒險以施用毒品的方式完成工作任務，必須學會自力適應於滿足獵人們需求時的疼痛，想著想著，我陷入了痛苦的掙扎，不知道沒有毒品可以依賴的未來，究竟要如何渡過難關。

在等待被安排新獵人的那幾天，我以淚洗面了好幾個夜晚，無法入眠，怨恨自己那天為什麼沒有真的死去，一切的痛苦就結束了？為什麼要聽從無形存在的指示，讓自己的靈魂回到身體，繼續經驗這一切生活的挑戰？我第一次覺得那些無形的存在欺騙了自己，但人類的世界亦找不到可以信任的朋友，感覺自己兩邊不是人，既不屬於非人類的世界，亦不屬於人類的世界。

第八回

裝睡的人不會醒

我之所以將看上自己的嫖客稱為狩獵者或獵人，是因為任何一個男人抓到像我這樣看起來甚至沒有十五歲的女孩為其獵物時，都呈現出一種有如獲取戰利品的姿態。

第二個狩獵者出現了，是一位來自我所居住的城市之隔壁城市的醫師，這位醫師獵人的外表特徵看起來慈眉善目，但城府很深，性格陰晴不定，因此，我想要稱呼他為「心機獵人」。

至於為什麼知道他是一名醫師，是因為我在後來大學畢業後的第一個全職工作，竟然就成了心機獵人的私人祕書。然而，由於選擇性遺忘了少女經驗，將近半年與這位心機獵人共事的期間，都沒有真正想起來自己曾經與他進行過的黑暗交易，只覺得我似乎曾經在哪裡遇見過他。直到有那麼一天，心機獵人一如往常地要求我於公司裡面甚少人會進出的隱密空間談論私人事務，才明白了真相。

那天晚上，心機獵人貌似在我回去公司之前，喝了一些酒。談話沒有很久，他忽然像是發了酒瘋似地對我上下其手，把我推倒在沙發上，命我掀開上衣、內衣，確認我是不是那個曾經與自己進行性交易的小喵。一開始我還假裝不知道發生什麼事情，哦不，是記不得發生過什麼事情，而令我至今記憶深刻的對話情境是這樣發生的：

「妳真的不記得在妳來到這裡工作之前，我們曾經認識過嗎？妳至少應該覺得我很面熟吧！」

「我確實一直感覺你很面熟，但我真的想不起來在哪裡見過你！」

「別以為妳讀完了大學就有什麼了不起，多讀了幾年書也洗不淨已經被汙染的身體和心靈！作為女人，被用過的就不再是乾淨的，一個賣過的女人，讀那麼多書幹嘛？難道妳想要當作什麼都沒有發生過，以漂亮的學歷再去欺騙其他上流社會的男人嗎？在我的眼裡呢，妳骨子裡就是個妓！不管妳讀多少書都不會改變妳卑賤的本質！」

我試圖在他暴怒的情境下為自己辯解：「多讀幾年書，從來就不是為了要欺騙男人用的，我沒有想過要嫁給身世多好的男人，我不想要去思考婚姻的事！」

心機獵人不理會我的辯解，繼續藉著酒瘋說真話：「妳以為我為什麼要用這麼優渥的待遇僱用妳來這裡工作？妳要知道，妳並不是來為我的公司工作，而是來為我這樣的一個男人服務！我要妳好好的想起來妳自己是誰！」

說完了這一段話，他用力捏了一下我的臉頰，眼神變得更加凶神惡煞地繼續說：「我的前妻就是像妳這樣的人，賣過的人，卻以為跟我奉子成婚就能騙過我一輩子！賤女人！」

等不了我從驚恐中回過神來，心機獵人已經粗魯地掀開了我的上衣，看見了我身體上的疤痕，確認了我是他所認識的那個叫做小喵的娼妓少女。

我被壓在沙發上一直試圖辯解自己並沒有與誰發生過性交易，一定是他看錯人了，但心機獵人無法接受我的說詞，繼續把我的長褲、內褲也拉了下來，丟在另一邊的沙發，使我無法逃離這個密閉的空間。

再一次，心機獵人讓我在他的眼前一絲不掛，不再需要很大的力氣，只要以脅迫的言語就能控制住我的行動。我嚇得翻滾到沙發下面，以雙手抱住雙腿的姿勢，試圖閃避他的侵犯。

「拜託你醒一醒，你知道自己現在在做什麼嗎？」

「裝睡的人憑什麼叫我醒一醒？是我在睡，還是妳在睡？」

「你喝了酒，你喝了很多酒！」

「對，我有喝酒，那又怎麼樣，妳滴酒不沾，睡得比我還沉，好意思講？」

「不要這樣，我真的一直都不能理解，我到底什麼時候冒犯過你！」

「賤女人，妳再裝睡啊！我看妳還能裝多久？對，我喝酒，但我沒有在說夢話！」

心機獵人說出這些話口氣是憤怒的，但嘴角卻有著猥褻的笑容，我感覺那種矛盾，是假被冒犯之名、行侵犯之實，還恐嚇我說，若把這件事情說出去，就立即解僱我，並向不特定人公開我過去從事性工作的經歷。

我在混亂中勉強想起來了自己在十五歲至十六歲期間，與他多次進行性交易的片段記憶，卻仍然覺得腦海中的那個畫面缺乏現實感，或者說我不太確定那記憶畫面中的女孩是不是自己。

見已經被拔光衣褲的我仍然處在半失憶的狀態下，心機獵人拿出一對曾經使用在我身上的「乳頭夾」（一種情趣用品），在我眼前晃了幾秒說：「還記得這個東西嗎？」並狠狠地把我抱住雙腿的手拉開，將我兩邊的乳頭都夾住，並且將這個東西的螺旋鈕轉動至最緊的位置，企圖把我的現實感以劇烈疼痛逼出來。「現在還想不起來妳是誰嗎？裝睡的人叫不醒！妳罪有應得！」心機獵人用一種戰勝者的表情盯著我看。

因受不了疼痛，我認輸地說我想起來了，但實際上，任憑心機獵人以舌尖「舔食」著我在這個時候已經黑青破皮的乳頭並以「假老二」抽插我的下體，我始終無法清晰地回憶，或者說拒絕回憶起自己與心機獵人發生過十次以上的性交易之事實。在那一個晚上之後，我不堪這一場意外發生的身心壓力，從原本的重感冒，惡化為腦膜炎而重病一場，更因為定期復健的需求，明正言順地離開心機獵人的診所工作。

然而，心機獵人這樣一個帶有激烈情緒的侵犯行動並不完全算是意料之外的，早在我剛應聘進入他的公司工作時，他就已經對於我似乎不曾認識過他的生疏感有所不滿。他安排我與他坐在同一間辦公室，以便觀察並確認我的一舉一動是不是他記憶中那個叫做小喵的娼妓少女，儘管那間辦公室早已有另一位資深祕書存在，但他總會趁資深祕書出門辦事甚至出國時，試探性地碰觸我的身體，看我不敢有所反抗，便更進一步將他的手伸入我的上衣、內衣裡，試圖「直接」碰觸到我的雙乳。

「妳知道嗎？妳穿那麼多，分明就是在跟我作對！」

「這麼穿只是我的習慣，這冷氣那麼的冷，我穿厚一點省得還要帶上外套，我真的沒有其他的想法。」

當我說出這句話時，其實我是有一些想法的，我確實有可能在跟他作對，但我知道並不是針對他，而是所有可能對我年輕的肉體起心動念的男人們。我也忘了從何時開始，在胸罩與外衣之間，我都會多穿一件內衣，但我不曾覺得自己跟別的女孩有什麼不一樣，直到被心機獵人提醒了，才開始意識到自己這個無意識中養成的習慣，似乎別有意圖。

「冷氣很冷沒有關係啊，妳可以放件外套在辦公室，不用每天帶進帶出，這裡有監視器，也不會有人敢進來偷妳的東西。或者，我現在把冷氣溫度調高好嗎？能不能把妳上衣裡面多穿的一件內衣脫掉？妳皮膚那麼好，身材也不差，把自己包得緊緊的，看起來很沒有自信。」

「但是，我不喜歡你一直打斷我的工作，跟我講這些與工作無關的事情。」

「妳憑什麼認定這些跟工作無關？妳憑什麼自作主張，對我們工作的範圍劃清界線？」

「這些話，讓我感覺自己在這裡只是個花瓶，不是祕書。」

「誰規定老闆不能跟祕書講這些話？妳憑什麼？」

「在我來到這裡之前，我也有全職工作過，也做過很多個兼職工作，我沒有聽過哪個老闆或上司這麼明白的指導我要穿少一點，也未曾有人注意過我有習慣多穿一件內衣啊！」

「算妳敢說，但我不能有一點不一樣的要求嗎？就當作這是我對妳工作要求的一部分，這根本還不到妳一點腦容量的東西，有這麼難嗎？難道妳真能忘記多少男人對妳現在以為不該是工作內容的那個部分，做的比我還要更多？」

「我不知道你在說什麼。」

「如果妳明天出門還多穿一件內衣，就不用再進來公司了。」

這句話，我真的嚇到了，我以為我可以有拒絕的權利，但在被威脅若不再聽話「穿少一點」，就會被迫離職時，我再次失去了拒絕的勇氣，從那天開始，我不再多穿一件內衣。

然而，當我感覺到心機獵人靠近我的座位時，會刻意緊縮著身體、確認上衣最上面的鈕釦是否已經扣緊，意圖使他的手「無縫可入」，但儘管如此，他仍然會把身體前傾、靠著桌面努力無視於他存在的我，拉離桌緣，使我靠在椅背上，小心翼翼地解開我上衣的鈕釦，在我的耳邊說：「把妳手上的工作都放下來，順著我的動作放開身體，雙手放在背後，無論妳感覺到什麼，不准出聲。如果妳會緊張，就閉上眼睛，仔細地感覺我觸摸妳身體的方式是否讓妳感到熟悉，允許妳自己想起我是誰。」總在這個當下，他會變得特別溫柔，聲音就像催眠一般。

說他城府很深，正因為他真的太瞭解作為一個娼妓倖存者的我，會因為極度的低自尊和羞愧感，對於曾經進行性交易的對象仍試圖侵犯我的身體時，依然沒有勇氣反抗，明白我會因為自己過去為娼的身分而不敢對他提出告訴，便肆無忌憚地將他的手伸入我的內衣裡，像是對女人的雙乳有所仇恨似地用力捏住我的一邊乳頭後，手勁由輕而重，將他的手指向左或向右旋轉，故意弄痛我；有時甚至問我今天是否有月經，我若誠實地回答說沒有，他便更加猥褻地把手指往我的內褲裡移動，再用另一隻手把我一邊的大腿移開，摳弄著我的陰唇，再慢慢地將他的第一截、第二截手指滑入我的陰道。

他的姿勢通常是整個人壓在我背後，完全地控制住我的身體使我無法移動，看著我開始害怕顫抖，感到疼痛卻又不敢出聲，眼淚不由自主地滴落在他手臂上，服從於他的脅迫而感到滿足。如此侵犯的行為大約每週兩次以上，若遇到另一位祕書出國幾天，他更是每天一有時間，就要把我全身上下玩弄一遍，彷彿一再提醒著我過去的身分就是這樣一個可以任人觸摸、侵略身體的娼妓少女。

儘管當下在他眼前的我穿著端莊整潔，但在他記憶中的我，就是一個必須赤裸著身體來服務男人的女孩，任憑他對我的身體樣貌品頭論足、發洩情緒，我都必須服從忍受。當時的我分不清已無法清楚記憶的齷齪經驗，究竟是我自己的錯還是別人造成的錯，總在心機獵人說出「我最討厭被用過的女人，裝作什麼都不知道」這句話後，我會順著他的期待回應「對不起」三個字，不知道是在為他無法原諒的前妻說呢？還是為了我自己想不起來與心機獵人曾發生過的關係而說？

「我最討厭被用過的女人，裝作什麼都不知道」這句話，常常在我的腦海中縈繞，我那時並不確定心機獵人是在針對我而說，還是把對前妻的憤怒轉移在我的身上，但撇開心機獵人的評價不說，我有時候真的會以為自己什麼都不知道，如同我純潔乾淨的外貌和易於受到驚嚇的反應，總讓人們誤信我是個涉世未深的小孩一般。

在我甫逃離娼妓身分的那一刻起，我的選擇性遺忘並沒有強大到使我立即忘卻所有的事情，但「必須要忘記」的信念，似乎是因應著我第一次經歷到學業上的挫折後而逐漸習得的，一種暫時用來適應新生活模式的手段。我透過不斷書寫的當下，確實曾成功地將會干擾我學習的記憶畫面拋諸腦後，順利地完成大學學業，並維持一定程度的經濟生活狀態，對於當下生活圈中的重要他人給予我的正面評價也曾引以為傲，但卻沒有知覺到被遺忘的東西，仍會在我當下或未來的生活中，以另一種方式繼續干擾我。

抱持著逃離就沒事了的想法，未竟的情緒和課題，將我從這個坑推進了另一個坑，一再地提醒著我必須好好面對那記憶中討厭的自己，甚至使得我難以經驗到真正的快樂。這種感覺，就像是想要逃離原生家庭的女人，選擇了婚姻作為手段，但總會在未來的某一天，發現自己在婚姻關係中複製了曾被自己討厭的父母模式。

我在心機獵人的公司工作的日子裡，常常覺得自己像是個「花瓶」，好像心機獵人的工作內容並不那麼借用我的專才，而在面試的當下立即決定僱用我，並給予高於平均行情的薪資，早已有著不懷好意的目的。從他那種莫名非我不用的眼神中，我也似乎知道了一些什麼，但說不出所以然來，儘管每當他開始侵犯我的身體時，偶爾會說：「我知道妳想忘了我，但我從來無法忘記妳。」

頑固的選擇性遺忘，使得我想要弄清楚心機獵人只衝著我來的侵犯行為，卻不敢或者沒有意願對其他的女性職員下手之意圖，又總在一些支離破碎的記憶畫面開始因應著我的探究而出現時，無來由的焦慮又使得我一直寫、一直寫，有時候寫的是記流水帳的日記文，有時候寫的是我兼職文字工作的稿件。總是被填滿文字的腦袋，似乎不容許我好好地想起來我所想要明白的事情，更確切地說，是我一直沒有準備好要面對我所無法接納的那個自己。

如果把被禁閉的記憶比喻為老舊玩偶裡面的棉花，那大腦本身就像是玩偶已破損的表面，當棉花經由破損的表面露了出來，玩偶的小主人以為只要把棉花塞回去，它就會回到完整如新的狀態。但已破損的表面，在未經縫合的情況下，事實上依然是不完整的，見玩偶的破損之處日益擴大，小主人因不懂得如何修補玩偶而焦急心疼，卻又不知道或不敢找大人求助，擔心大人會直接把她手上這隻已寄託了情感的舊玩偶直接丟掉並換一隻新的給她。

這樣的心情就像當時的我，已經逐漸看見了被禁閉在腦海監獄裡的東西，卻因不懂得如何把不想面對的少女經驗整合進入自己當下的生命，任由自己的思緒被罪惡感占據，卻不知道如何向外界求助、也沒有勇氣求助，更多是擔心人們知道我那千瘡百孔的真面目後，會因此而嫌惡我，只好當作沒有看見這些經驗的存在。

在我重病一場而表明離職的意思後，心機獵人便在我從昏迷狀態清醒後去醫院探病。原本有設法挽留我繼續工作的意圖，但見我離職心意已定，便給予我一筆可觀的資遣費當作慰問金，又好像是「封口費」的那一層意涵。

那場重病中，我經歷了瀕死，看見過往的生命歷程像電影般播放著，畫面先是明示我因被騙入淫窟後所受的身心之苦，使我與靈魂的距離漸行漸遠，情緒變得麻木；再讓我看見自小因多病的體質，外婆無微不至的照顧和包容。指導靈現身告訴我：「你是被愛的，你的生命價值，不因為他人的評價而改變，要勇敢做對的事情，為自己而活。」接著，聽見有人大喊：「醫生！她的枕巾全濕的耶，她會哭！這樣是不是有機會醒過來？」

然而，玩弄我身體的經驗似乎帶給他回味無窮的感覺，趁我醒後幾個小時，呼吸器甫被移除，病房四下無人時，心機獵人將他的手伸入了我的上衣裡試探我的反應，笑得特別猥褻。他拉開了我寬鬆的住院服，盯著我的雙乳並小心翼翼地揉捏著說：「噓！不要出聲，我不會弄痛妳！那天酒喝多了一點，對妳太粗魯，現在還會痛嗎？」我試著把他的手推開，但發現他的動作一如既往地粗魯而弄痛我，卻仍沒有膽叫出聲，只是怯懦地說：「這樣還是很痛，你能輕一點嗎？」

心機獵人習慣性地捏住我的乳頭作為示威的手段，以帶有威脅性的語氣希望我自願留任，但心裡明白我們之間不可能再達成協議，於是說：「如果妳確定不想留任了，這十萬元是妳的資遣費，以後到任何地方，請不要再提起我們之間發生過的事情！」

這些行為看在我眼裡，是他既想要再次玩弄我的身體，又怕我叫出聲來引起周遭他人的注意，便虛情假意地關心我在昏迷前被他以器具夾傷的乳頭是否還在疼痛，卻無心注意自己的手勁仍然過於大力，我嚇得一直打寒顫。一開始看見他來探病時，還告訴自己不要在惡人面前示弱，想著既然決定要離開，就要表現出自己勇於反抗的一面，但仍被這個過於熟悉的疼痛打敗了，熬了十多分鐘仍不見他有離去的意思，忍不住眼淚奪眶而出哀求地說：「在今天之前發生過的任何事情，我絕對不會再提起，我們好聚好散，不要再以這樣的方式碰觸我的身體了！」

當時已經二十四歲的我並不是真的完全不懂可以如何為自己爭取權利，只是當時的我總害怕著曾經與心機獵人在不合法的情境下發生關係，若積極透過司法途徑爭取權利，可能會被認定為「仙人跳」。也就是說，我不明白即使曾經與人發生對價關係的性行為，也不代表未來的每一次都是自願的邏輯，儘管有著娼妓之身的過去，仍有權利拒絕之後的男人對我身體的侵犯。

儘管我清醒過來後，曾一度想起與心機獵人在某個旅館中發生過的事情，我甚至聽見了自己在那記憶畫面中聲嘶力竭地喊痛卻又不敢反抗的無奈，卻仍然沒有勇氣因此讓過去的記憶完全浮出水面。

我著實嚇壞了！那一場重病，我對外界的關心都說自己是因為過勞發生，但實質上更多是因為逃離面對另一個真實自己的壓力而發生。

二十歲以後的我一直以為自己已經全然地脫離了娼妓的身分標籤，卻與被自己選擇性遺忘的少女經驗中的狩獵者不期而遇，再度被提醒在他人心目中，我仍然是被視為娼妓的女孩。那一年我二十四歲，距離與心機獵人初次相遇的時間已有八年以上之久，似乎還算是個遺忘自己少女經驗的好藉口。

我不敢想起來這些事情，在意識中的某個層面，應該是害怕自己想起來之後，會失去面對現實生活的勇氣。因此，病癒之後的我，一如往常把所有的心力放在重病後的復健任務和著手新的工作。

時間拉回到與心機獵人初次見面的我。為了迫使自己早日適應沒有毒品可以依賴的工作情境，以消除空想著下一次的交易會敗在劇烈疼痛的焦慮，我積極地同意接受這第二個獵人的挑戰。事前我已被告知心機獵人具有性虐待的傾向，卻因為他有著勃起的障礙，被認為很適合仍不習慣被插入的我。

然而，心機獵人似乎特別喜歡我緊張過度而無法放鬆，進而因劇烈疼痛而哀求他手下留情的模樣，並且他有一個特殊的癖好是喜歡以手指或「假老二」抽插我的下體。正因為心機獵人有勃起障礙，他的老二大部分的時候並不能正常發揮功能，需要以情趣用品來滿足他的需求。他總覺得自己的老二不能正常發揮功能，都是女人的錯，他痛恨女人。

他作為一個狩獵者的目的，就是要把對自己的不滿找個女孩好好地發洩出來，總在我脫去衣褲並沐浴後，沒有進行任何的「前戲」下，便以假老二粗暴地插入了。與心機獵人相遇的每一次，我都感受到有如皮膚被撕裂般的疼痛，心機獵人就喜歡這種虐待一個獵物的快感，也因為他的粗魯，我經常陰道裂傷感染發炎而就醫，一張又一張紙本的健保卡，從A到F，蓋滿了婦科診所的印章。

不明白真相的婦科醫師，曾帶有勸導的意圖說：「妳才只有十六歲，還沒有結婚，就有這麼頻繁的性生活，我勸妳換個男友。妳未來的路還很長，像這樣讓妳反覆受傷又沒有陪著妳來看診的男友，不要也罷，女孩子要多愛惜自己一點。」面對醫師的好意，我更加羞於啟齒自己並不是因為與所謂的男友發生性行為而受傷，而是受到職業身分所迫。

除此之外，心機獵人特別喜歡羞辱女人，總是先用乳頭夾把我的乳頭夾緊之後，拿著一支貌似掃除桌面灰塵的小掃把，逗弄著我的雙乳，仔細觀察我痛苦又羞愧的表情，哈哈大笑，再命我趴跪在床上，上身壓低，使屁股懸空朝上。那是一種可以非常清楚看見我陰唇的姿勢，也是一種「奴化」女性的象徵。

在我聽話做出心機獵人想要的姿勢後，他會拿著「愛的小手」，用力拍打我的陰唇直到紅腫，見我痛到全身有如抽搐般的顫抖，沒有力氣撐起身體而撲倒在床上時，才開始用舌尖「舔食」我紅腫的陰唇和黑青的乳頭，以此滿足羞辱一個女人的快感。

每一次結束與心機獵人的性交易工作，我都會因為身體的皮肉傷，被蜜糖姐姐帶進她的宿舍臥室裡擦藥，讓我把被羞辱後委屈的感覺哭出來，好讓我能夠有勇氣繼續在這個工作圈子裡待下去。

後來我才知道蜜糖姐姐已是集團所經營的酒店裡的「媽媽桑」，當年她已經三十三歲，在酒店工作長達十二年，負責照顧和教導年紀較小的女孩適應工作。我似乎漸漸覺得其實在這個黑社會的世界，也有人願意對我好，或說至少在這裡的人們都來自底層社會居多，價值觀皆有相似之處，讓我反而覺得不用刻意隱藏自己的際遇，與她們共同生活。

只不過，當時的我，除了與蜜糖姐姐還有點兒話題可以聊外，與其他居住同樓層、同樣工作性質的鄰居亦沒有來往，但彼此都知道是同路人。此外，在那裡工作的人，很多女性是來自東南亞的外籍人士，甚至她們有些人年紀並不輕，為了想要盡快賺取足夠回家的錢而自願來到這樣的淫窟工作。我感覺自己在她們裡面像是個乳臭未乾又愛哭的小孩，在那樣的職業角色裡找不到自己的主體性，很難與她們有共同的話題。

我總擔心著自己從事娼妓工作的事實被識破而在學校裡不敢交朋友，不積極回應他人的關心，在集團的領地又與其他鄰居沒有共同話題，因此喜歡被蜜糖姐姐照顧、安撫的感覺，想要靠近她以尋求支持，而變得不再排斥被安排給有特殊性虐待癖好的獵人，好讓自己受點皮肉傷。

當我回憶這個事件的當下，我明白那是一種意圖透過身體的疼痛，尋求在現實世界中的存在感。不敢和學校裡的老師、同學說話，使我很長一段時間有如空氣般的存在，儘管我仍能感覺到周遭他人對我沉默的心態有一些過分偏離事實的臆測，但我既不想讓他人靠近，又害怕自己真正地從這個世界上消失，兩股相互矛盾的力量，反而使我有了莫名的膽量，承受住身體遭到虐待的疼痛。

然而，後來我才知道集團裡面的女人們，如果不是因為負債或其他強迫的原因，沒有人喜歡接受像心機獵人這種特殊性虐待癖好的客人，或者說集團是刻意安排像我這樣因債務原因而入行的女孩，從事較為艱鉅且代價較高的工作，以便在更短的時間內完成清償任務。

其他的女人們，多半都只是在酒店工作，未必願意被帶出場，或即使有被客人邀請進一步進行性交易的女人，都還有一些選擇餘地，也就是說，兩情相悅的性交易仍是被允許的。

我開始覺得自己好像堅持不住什麼，內在強烈的自卑感無限蔓延，就像心裡有一株一旦開始生長便停不下來的藤蔓，纏繞住所有能夠掙脫困境的心靈窗扉，把自己的靈魂禁閉在一個暗無天日的地窖裡，對於自己真正想要過什麼樣的生活摸不清、看不透。

第九回

輪姦遊戲遇上臥底警察

把輪姦說成遊戲，是因為我並不能把少女時期與狩獵者所發生任何形式的性行為，寫成是一種百分之百被動發生的意外事故，而是仍有主動配合的意思在每一次的事件當中。同樣地，我於此輪姦事件中，並不是「發生」被輪姦，而是要「飾演」一個被輪姦的情境，也就是說，我對於自己被安排的任務，是在事前得以預知的。

我並不刻意把性交易這件事，寫得好像每一個狩獵者的「口味」都很重，或性行為之手段都很異於常人。故意把狩獵者都寫成性變態，也不是我的目的。我相信儘管買春的行為有著非常負面的那一層意涵，但仍有一部分的狩獵者，是受迫於不得已的原因而必須跟不以交往或婚姻為前提的女性發生性行為，以滿足生而為人的基本需求。

另一方面，我所要敘說有關性交易經驗內涵的故事，皆是以我在寫作當下仍有相當程度之記憶者為其標的，或者說是把性工作多元的內涵，從我有限的記憶中提取並闡述出來。此外，若要把所有被自己遇到的狩獵者之言行樣貌都一一描繪出來，自是不可能的任務，本回所要敘說的故事亦是如此。

當一個女性同時被六個獵人輪姦以及一位攝影師拍攝影片是一種什麼樣的感覺？在我的主觀記憶裡，這是一種被「群毆」、被「圍觀」、被「惡整」的經驗。

這個事件是我被集團媒介為A片女主角，也就是除了與輪流入鏡的六個獵人們發生性行為外，攝影師在完成拍攝後，也被允許「順便」與我發生性行為，這是我第一次覺得自己在做一個拋頭露面的工作，雖然有形式上的保密合約，影片僅能在會員制的成人網站中播放，以及我是以假髮和不屬於自己風格的妝容入境，並不盡然有名譽損害之巨大風險。

當我知道自己被媒介從事此工作任務時，當下的好奇心事實上遠超過要被一群獵人們圍觀自己赤裸著身體的恐懼感，甚至天真地以為如此一來，獵人們可能會因為要一起入鏡，不會做出過度骯髒，或致人身體劇烈疼痛的行為，我真的以為拍片就是演戲，所有的事情都是假的，做個樣子。

走筆至此，我仍強調發生性行為會經驗到劇烈疼痛，應該已有讀者開始疑惑了吧？但這個疑惑，是否受到演技很好的A片演員之影響，或是讀者自己剛好也有買春的經驗，對於女優或娼妓有既定的印象，覺得我們都可以跟任何素不相識的男人，自然而愉悅地進行性行為，甚至花招百出？

我不知道自己是娼妓中的特例，抑或是不具備任何演技的女優，雖然有多年的床戰經驗，但因為患有「陰道痙攣症」，記憶中每一次的性行為都是痛苦萬分的，即使有一些獵人願意把我這樣的娼妓視為他們一夜情的枕邊人，溫柔地對待我的身體，但我還是難忍疼痛，常常是哭哭啼啼地完成任務，甚至曾有獵人遭遇到插入後差一點「拔不出來」的風險，氣急敗壞地對我吼叫說：「妳是故意的嗎？如果妳那麼不甘願就早點說，用這種方式報復我是什麼意思？」

天知道我並沒有故意想要為難獵人們。但每當我的下體被碰觸到時，不管碰觸我的東西是男人的陽具、情趣用品，還是婦科的醫療器械，我就不由自主地感到疼痛而焦慮不安，即使頭腦不斷說服自己要放鬆身體才不會受傷，仍控制不了身體緊張的反應。有的獵人一次就怕了，不敢再找我床戰，有的獵人則因此想要挑戰我那似乎永遠也不會鬆弛的陰道。

我寫下這個經驗的當下，明白自己永遠無法完全適應被插入的感覺，是因為總在不甘願、抗拒的情境中被迫進行性行為，總是擔心著狩獵者可能患有傳染病，又沒有選擇、拒絕、逃離的勇氣，既不想就此放棄自己，又不知道該如何掙脫困境。

當時的我似乎仍太過天真無知，儘管在這個任務下，獵人們相較於我之前所遇到的狩獵者而言，其形貌較為清秀乾淨，是經過挑選的，且因應入鏡的需求而飾以妝容，但這些獵人們的性行為手段並不會比一般人更優雅，反而不時為了製造拍攝效果，而粗暴無禮地玩弄我的身體。

在這個經驗中，我很意外地第一次被要求「口交」。口交之情境作為拍攝A片的題材，相信讀者並不陌生，但做得到像A片的女優們在表情上如此愉悅滿足嗎？當然不可能！特別是女性讀者們，不管現在在妳們身邊那位生理男的伴侶，他們的精液吃起來是什麼味道，都不能用來理解或推論另一個男人的精液吃起來就是這個味道。在我主觀的味覺經驗中，就像是把人類的尿液喝下去般令人噁心反胃，甚至我在寫出這一段往事時仍感覺到那種滋味在口中迴盪。

與六位獵人及一位男攝影師一起進去特別寬敞的旅館房間內，我感覺自己彷彿身處「公共場合」，原本已經練就了在單一獵人面前，以最快速度把自己脫得一絲不掛的勇氣，卻在看見這麼多剛開始仍有著衣的獵人們，以淫穢的表情看著我又不給予明確的指導時，我仍然怯場了。

那一天以輪姦為主題的拍攝計畫，原本預計要花費六、七個小時，錄製十種以上不同的輪姦場景以及即興情境，卻因為獵人們中竟然暗藏了臥底警察而提早結束。似乎因為我對於娼妓這個職業角色一直有抗拒，想要掙脫這個圈子重新做人，總會發生一些事情讓工作被迫中斷，就像與黑獵人之間的毒品事件那樣，逃脫困境的機會就明明白白地臨在我眼前了，但無來由的恐懼卻使得我沒有勇氣真的揭發犯罪。

由於我無法清楚地記得在這個事件中每一個獵人的形貌特徵，因此以下以風、火、日、月、山、水六個字來為獵人們命名，其中水獵人為攝影師，另有一位剛開始不知道他是臥底警察的獵人，就管他叫「臥底獵人」吧，以作為區別對話及拍攝情境中的不同人別。

我那一年實際上僅有十六歲，但是負責媒介我的集團成員，卻向水獵人謊稱我已年滿十九歲，且入行近一年，訓練有素，絕對「配合度」很高。一進到指定的房間裡，獵人們以疑惑的眼神盯著不知所措的我，其中臥底獵人先開口問：「老實說妳今年幾歲？」我低著頭心虛地說自己十九歲。

風獵人接著問：「妳知道我們今天要做什麼嗎？」我回答說拍A片。火獵人看我怯場的樣子，質疑地問說：「聽說妳已經入行快一年了，但從妳進來沒有馬上開始更衣沐浴，也沒有主動詢問拍攝內容，看起來好像對這個任務很陌生的感覺，妳真的知道如何配合拍攝嗎？」

我突然驚醒，趕緊開始解開上衣鈕釦，脫下外褲，但準備要脫下內衣時，我忽然羞愧地哭出來，感覺到胸前的皮膚起滿了雞皮疙瘩，要求眾獵人不要盯著我看；獵人們聽了我這個莫名其妙的請求，都面面相覷。這時候水獵人要大家稍安勿躁，出來解圍說：「小喵應該是第一次要在這麼多人面前脫光光，她只是怯場了，並不是沒有性經驗！」

水獵人於是走過來我身旁，撫摸、搓揉著我的全身上下，說是要幫助我放鬆身體、調整心情，然後趁我防備心稍減時，再幫我解開內衣和拉下內褲，我真的赤裸裸的站在七個獵人面前了，覺得自己臉上溫度特別的高。此時，水獵人又靈機一動說：「我們本來期待妳就跟一般的女優一樣放得開，但放得開有放得開的拍法，被動害羞也可以拍出另一種感覺，我一定可以把妳拍得很有特色！」

為了讓我的動作可以放得開，水獵人拿出一個黑色的眼罩把我的雙眼遮住，因此接下來的一段時間，我幾乎只能以身體知覺來判斷身邊發生了什麼事情，以及可以從不同的聲音，判斷是哪一個獵人靠近自己。

此外，拍攝工作完成後，水獵人曾給我一組帳號密碼，讓我進入他們上傳影片的成人網站去看自己作為女主角的那支影片。儘管看著自己一絲不掛地被這麼多獵人輪姦的狼狽樣貌，我哭著、快轉影片把它看完，但我依然可以大致上想得起來這些獵人們在自己的身上做了哪些事情，以及拍攝場景之片段記憶。

水獵人讓日、月獵人先上場，日獵人把我環抱住並以他自己的小腿撐開我的雙腿，拉著我的手引導自慰的動作，同時讓月獵人親吻我的額頭、臉頰、頸部、肩膀、雙乳、肚子，最後「舔食」我的陰唇，等待稍微進入狀況後，山獵人拿起「假老二」，粗魯地從我的陰道口使勁往裡面塞，發現竟然塞不進去，只感覺我仍在用力抵抗中。看著痛到哭叫顫抖卻又不肯放開身體的我，三個獵人交談後，風獵人便拿出「鴨嘴鉗」，示威著說不乖乖配合，就要拿這個東西撐開我的陰道。

當時的我聽到這個名詞感到很陌生，以為真的是工具箱拿出來的那種鉗子，不禁開始用力掙脫、哀求他們不要使用工具。風獵人解釋說是醫療用途的器具，最多感到疼痛不會有傷害，便不再理會我的抵抗，壓住我的肚子，再分別由日、月獵人在兩側拉開我的雙腿，以這個冰冷堅硬的器具撐開我的陰道，一面撐開還一面以手指撥弄我的陰唇，把原本塞不進去的「假老二」塞入後，再把鴨嘴鉗退出，開始抽插的動作，於此同時並指示水獵人錄下這一段，此時我痛到全身直冒冷汗，卻無力掙脫。

緊接著，山獵人的老二已經變得粗壯有力，很有自信地說他準備好可以插入了，再另由日獵人協助拉住我的手，碰觸山獵人已經變得粗壯的老二。當我的手碰觸到山獵人的老二時，驚覺那個尺寸特別的大，我用力掙扎，不斷地重複說：「不要進去、不要插入、不要進去、不要插入……」山獵人哈哈大笑說我的手冰冰冷冷的，就像是觸電的感覺，然後蹲下身，把擱放在我陰道裡的「假老二」用力抽出，開始以他的「真老二」抽插內射，同樣的動作持續約五分鐘，山獵人滿足地笑著，汗水一直滴在我的肚子上，接著他用手將我的嘴巴拉開，把他的老二塞進我嘴裡，要求我喝下他剩下的精液。

我一邊喝著山獵人的精液一邊嘔吐，眾獵人拍手叫好說成功了、成功了、好自然！我是把幾個小時前吃下的食物都一起吐出來了，吐出了剛射入的精液夾雜著食物和胃液，感覺到喉嚨一陣一陣的灼熱。我的身體被自己的嘔吐物沾髒了，地面上也雜亂不堪，卻不影響獵人們繼續嬉鬧的興致。

第一個拍攝情境完成後，風獵人拿一桶冰水往我身上潑下去，企圖使吐到暈眩的我快速清醒過來，但我痛到渾身無力、動彈不得。火獵人把我抬上了床，清理地面上的嘔吐物時，我卻忽然使出了僅存的一點兒力氣，趁亂抓住被單往自己身上蓋，哭著說不想再繼續拍下去了。山獵人看見又開始哭的我，不知為何感到特別興奮，忽然之間他的老二再度變得粗壯起來，於是用力把被單掀開，準備趁機插入，以示雄性過人，同時示意水獵人趕緊錄下這最自然的情境。

這時候的我已經體力耗盡，像一具屍體般地癱在床上，任由山獵人不斷地連續抽插動作達十分鐘之久，再由風、火獵人在我兩側同時吸吮著我的乳頭，製造出三人一起強姦一個小女孩的情境效果。待風、火獵人的老二也變得粗壯時，指示山獵人停下抽插動作，三個獵人一起對著我射出精液，浸淫我的全身上下，我當下感覺像是全身被潑灑了蛋汁那樣腥臭無比，覺得男人們真是世界上最恐怖的生物。

看著全身都被精液沾汙的我，風、火獵人有了新的構想，要求跟我一起沐浴，風獵人幫我沖水，火獵人拿沐浴乳幫我搓揉身體，一邊搓一邊玩弄我的身體，並要求我同時也幫他用沐浴乳搓揉他的老二，製造出情侶互相幫對方洗澡的情境畫面，我就像是隨時隨地被迫即興演出的臨時演員。

沐浴後，我被重新上妝，一開始怯場的感覺也沒有了，不再戴著眼罩，我也能更清楚地感受到拍攝現場有如荒野叢林般危機四伏，稍不注意就被突襲。此時水獵人在另一邊的地面上疊放兩個枕頭和一床被單，示意我趴在這些枕頭上，屁股朝上，手肘著地，準備拍攝「後背式性交」的情境，此時的我心裡已經極其抗拒繼續這種被惡整般的拍攝工作。

當我仍然不敢反抗地乖乖做出準備性交的姿勢時，從眼角餘光看見臥底獵人從頭到尾都沒有意思要加入輪姦，只是一直坐在椅子上看著除了水獵人以外的其他五位獵人玩樂，不時還拿著手機低聲說話，但其他獵人們似乎玩得太興奮，竟沒有人發現臥底獵人的詭異行動。

山獵人應該是真正參與輪姦的獵人們裡面獸性最旺盛的人類吧，總是會在我配合做出一些動作後，僅憑視覺感受就能夠很快地讓他的老二變得粗壯起來，看見我乖乖地趴下去、顫抖地把屁股抬高後，山獵人興奮地叫出來說：「小喵的屁股就跟她的臉頰一樣，白白淨淨的，好可愛，好想吃掉她！」他拍打著我稚嫩的屁股，並忍不住用他那個尺寸特別大的老二不斷摩擦我的陰唇。

此時，原本要協助山獵人的行動，從我的身體兩側搓揉我雙乳的風、火獵人，著手演出下一場輪姦情境時，忽然聽見外面有人敲門，全部獵人們的動作忽然像是電影定格般僵住，沒有人敢去開門。

幾秒鐘之後，兩位便衣男警察破門而入，秀出識別證，說：「隔壁的客人認為你們製造的噪音影響他們休息，請立即停止嬉鬧。」臥底獵人示意二位警察進來查驗我的身分，其他的獵人們頓時明白他們從策劃拍攝影片的一開始就被暗算了。

臥底獵人也拿出了他的識別證，命令兩位便衣警察把門反鎖，一人對兩人查驗身分。全身赤裸裸的我嚇壞了，又習慣性地拉住床裙「遮羞」。臥底獵人命我以最快速度沐浴更衣，稍後全部帶離現場，但發現我躲在床裙裡連動都不敢動，臥底獵人以一種特別細膩溫柔的動作，拿起一件浴巾從背後把我蓋住，好讓我敢站起來走進浴室，並且輕輕說了一句：「已經沒事了，快去洗澡吧，二十分鐘內我們會讓妳安全離開這裡。」

一開始，我腦袋一片空白，雙腿發軟，有些困難地走向浴室，但當我背對著浴室入口後，忽然變得清醒，意識到了自己的處境，開始用力把自己身上殘留的獵人們的體液沖洗乾淨，盡可能快速地更衣後，便被從混亂的房間裡帶走。在離開旅館的路上，我雖然很害怕做了如此羞恥的事情被人發現，可能會留下汙點，但對於因臨檢行動而被迫中止的輪姦事件，就像是生活中偶然發生的小確幸般，著實使我鬆了一口氣。

到了警局，全部實際參與輪姦的眾獵人們皆供稱不知道我的真實年齡，臥底獵人也確實親耳聽見我說自己十九歲，但一直在旁觀察我的言行舉止、對我所飾演的角色之生疏感，無論怎麼看都沒有成年人的成熟度以及淫窟熟手的反應和耐力，加上我一開始因怯場而哭哭啼啼的樣子，使得臥底獵人自始即懷疑我並不是自願賣淫，因而認定我應該未成年且遭人控制，趁著其他獵人們因興致高昂而對周遭發生的動靜失去警覺的片刻，呼叫轄區內的同事前往調查。

警察們認定參與輪姦的獵人們應是假裝不知道我的實際年齡，但後來中間似乎發生了錯綜複雜的其他事件（我主觀知覺是認為有人被關說，但並未親眼目睹），以致實際參與輪姦的眾獵人們可能觸犯的違法行為都被處以罰款後輕輕放下。

第十回

認識未婚夫

黑道大哥曾以為像我這樣年輕的少女娼妓，很快的有一天將會被狩獵者以高價買走而走入婚姻，但我也許缺乏了成熟女性的魅力，加上有點鬱鬱寡歡的氣質，四年多的時間裡，我不曾遇到積極追求我的獵人，哦不，也許算是有，但他並不是從一而「忠」，而是在追求我的同時，還腳踏兩條船。

那是在我十七歲時，遇見追求自己的集團幹部，這位獵人，我將他命名為「太子狼」，因為他家財萬貫，職涯還沒有真正開始就能輕鬆享有金錢與性愛。太子狼追求我將近三年，卻沒有在遇到我的當下就買走我，在我的主觀感受中，太子狼並沒有真心愛過我的全部，只是想要在享有我青春的肉體時，少一分買春的罪惡感。

當年的「太子狼」也才只有二十歲，便與我說，等我年滿二十歲時，就會帶走我，還讓我在半推半就的情況下與他訂婚。然而，在訂婚之前宣稱是交往的日子裡，我感覺像是一位企業老闆在試用新人似的，可以從兩個以上的人，選擇其一作為未來的共事者，他僱用了兩個女友，再選擇其一作為未來的妻子，期間他還不忘花言巧語地說有多麼愛我，當然也可能跟另一位女友說過同樣的話。

雖然最後被選中的那位被僱用的女友是我，但我事實上對婚姻有著很多的抗拒，既天真地想要依賴他在集團中的權勢，能夠被安排較好相處的獵人，或被買入婚姻後，不再需要服務各種不同性需求的獵人，過上平凡的家庭主婦生活，又希望自力完成清償任務，可以在未來的某一天獲得完全自由的人生。總害怕著進入婚姻後，很多想做的事情將沒有辦法完成，我不希望自己永遠都是男人的附屬品，或依賴男人的社會地位來圓滿自己生存的價值，不甘願成為像媽媽那樣必須依賴男人生存的女人。

在黑道大哥交代我必須考上大學作為免除清償責任的條件後，我因而背叛了與太子狼的婚約，逃離原本工作生活的城市，去了離家很遠的山邊大學，並換了手機，不敢再與集團內的任何人聯繫。這樣的境遇，就像是允許了我一次完成兩個願望，意謂著我不需要以婚姻為前提，便重獲自由之身。是我的信念堅穩，還是上天憐憫我的愚孝？

我之所以開始依賴太子狼，是因為曾發生在我十七歲時，一個拍攝「虐戀」場景的任務，帶給我巨大的身心痛苦，我很想要抓住任何可以保護自己免於過度艱鉅的任務安排之人，因此在事件發生後不久，基於尋求保護的心態，便接受了太子狼以交往甚至是結婚為前提的「特別照顧」，從此以後我也就真的沒有再遇到性變態傾向的獵人了，只是我怎麼也沒有想到，太子狼會成為我日後的恐怖情人。

在我十七歲這年，被安排拍攝的「虐戀」情境之任務，他們稱之為BDSM。BDSM從維基百科查詢到的意思是說，它是用來描述一些與性虐戀相關的人類性行為模式。其主要的次群體正是BDSM這個縮寫字母本身所指稱的：綑綁與調教（Bondage & Discipline，即B／D），支配與臣服（Dominance & Submission，即D／S），施虐者與受虐者（Sadism & Masochism，即S／M）。

當時的我並不懂這個字的內涵，只知道要配合拍攝一些受虐的情境，假裝自己是奴隸或犯人，配合施虐者所編造的對話內容，藉以合理化施虐者所表現出來的情緒和行為。我未曾預料到這個任務所造成的身體傷害，已超出自己能夠忍受的範圍；或者說我以為只是要演一齣戲，戲中的施虐者應該不會下手太重，甚至假想他們設有避免受傷的保護措施。

我是如此的天真無知，不知道這個由「壞人們」所安排的任務，美其名是要我扮演A片女主角，於實質上也是在滿足具有性虐待傾向的獵人們之生理慾求的一種形式。演這齣戲所受的皮肉傷，以及內在所經歷的悲傷，都是真實存在的感受，拍片並不總是假裝有那麼一回事的，特別是以獲取金錢利益為其目的時，若演員在拍攝情境中沒有真實感受到情緒的流動，如何能夠使得觀看者感同身受呢？

在這個事件中，我被帶進一棟位於山區的日式平房裡，裡頭沒有任何人居住，卻有著古色古香的檜木家具以及裝潢風格一致的房間，空氣中瀰漫著陣陣檜木香氣，那是一個令人感到放鬆的環境，而擁有這間房子的主人，會是個優雅從容的社會上流人士吧。然而，這麼美好的一間房子，被出借給獵人們拍攝低級下流的影片，裡頭還放置了各式各樣「調教」的工具和器材，與房子的氛圍顯得格格不入。我感覺像是看見了很多「刑具」，難道房子的主人是一個允許「殺戮」存在於人與人之間的衣冠禽獸嗎？

車伕把我載到這個地方後，我走進去看見三男一女，其中一位男人是攝影師，並示意會由另外兩位男性進行「調教」活動，以及在他們的性慾被虐戀的情境引發時，可能與我發生真正的性行為。那個女人應該是經紀人吧，協助我進行每一個拍攝場景的準備工作，承諾說所有模仿性虐待的行動不會造成永久性的傷害，最多疼痛幾天，且拍攝的代價高昂，可以在更短的時間內清償債務，絕對值得嘗試。

我看著桌上和地上分別擺放著繩子、皮帶、穿環、竹籤、蠟燭、手銬、乳頭夾等物品，甚至還有看起來很逼真的「鞭刑台」，再看看準備「調教」我的兩位獵人，皆是高大健壯者，不禁開始懷疑，他們有打算讓我「活著」從這個地方走出去嗎？真的只是要「模仿」被性虐待而已嗎？這些東西看起來很像要真的被刑求、被處罰的感覺。天啊，我又做錯了什麼事？為什麼會來到這個地方？

負責調教我的兩位獵人，雖說是扮演施虐者，但實質上也有著狩獵的目的，在我的心目中，他們與其他直接表達性需求的獵人並無不同。我擅長以獵人們的外貌特徵和氣質予以命名，使出現在自己生命故事中的人物形象變得鮮明。其中一位獵人可能有某種慢性病，臉色總是特別紅潤，我將他命名為「紅臉獵人」；另一位聲音很「娘娘腔」，是「娘腔獵人」。

有了那一次拍攝輪姦情境的經驗，這一次我看見二位以上的獵人同在一個空間裡，就沒有怯場地一如往常解衣沐浴，但腦袋裡一直想著剛才看到的那些可怕的刑具會如何被使用在自己身上，又害怕地在浴室裡以嘩啦嘩啦的水流聲掩飾自己的哭泣聲。經紀人看見我的眼睛紅腫，像是哭過，以一種無關緊要的語氣說：「在拍攝虐戀的情境中，表現出各種痛苦和害怕的情緒是很自然、很正常的，可以盡量的哭、不用暗地裡哭。」天知道我並不是為了準備戲劇效果而哭，而是害怕承受不了疼痛而哭，並感受到經紀人的安撫之詞只是在避重就輕。

於第一個場景拍攝之前，經紀人讓我直接穿上一件看上去有點透光的白色襯衫，並扣住襯衫下面的三個鈕釦，使我看起來有著衣，但我的雙乳卻是裸露在外面的；接著以黑色皮帶和手銬作為綑綁工具，逐漸把我的身體整個束緊，說是增加性奴的性感視覺效果。

我看著自己僅露出雙乳又下空的模樣，禁不住羞愧萬分。此時，盯著我的紅臉獵人和娘腔獵人也脫去了身上所有的衣物，淫穢地笑著，準備接手後續的行動，同時攝影師也將機器開啟，對著我開始錄影。我忽然意識到要害怕，反射性的用雙手遮住雙乳，原本已經被拉開的雙腿也縮了起來，在地上打滾說：「為什麼把我綁得這麼難看！不要拍我這個樣子！我不要拍這麼醜！」

娘腔獵人看我突然反抗的樣子，即興地大吼一聲：「不聽話就該打！我數到三，把手放開，把腳張開！否則等一下我們會更用力修理妳！」我在驚恐中反應特別遲鈍，分不清他的說詞是真的還是演戲，仍然整個人縮成一團，不願意把手放開。

「一、二、三！」紅臉獵人和娘腔獵人一起撲上來把我的手腳都拉開，並甩了一巴掌警告我最好乖乖聽從命令，便把我抬上一張有扶手的硬式躺椅，椅背與椅墊呈現約一百三十五度的傾斜，再把我的手綁在兩側扶手上，讓我無法再以手反抗；接著又把我的雙腳拉開，以天花板下方橫梁已事先垂吊的白色繩子（很像電影中用來上吊那種）繫住我一隻腳，此時我感覺自己被五花大綁，已經被真正地馴服了，接下來必須練就無視於一直對著自己的攝影鏡頭而自然展現奴性的功夫。

我看著自己被綑綁的樣子，忽然領悟到，原來之前遇到過的心機獵人喜歡用一些虐待女性身體敏感帶的器具，也是要製造這種奴化女性的效果，以便從情境中尋求一種男人高高在上的尊嚴和滿足一己性慾的快感，似乎被奴化的女性表現得越痛苦，他的滿足程度就越高，進而引發他自己因為性功能障礙而無法經常體驗到的高潮。

獵人們為什麼要花費一番工夫、不惜金錢成本地去滿足這樣子的需求？當我憶起那些畫面時，似乎能夠感受到他們內心深處有著某種不被理解的空虛，必須以如此強烈的手段去填滿，但在身為受害者的當下，憤怒與無助占據了我全部的心思，就好像人們無法期待死在隨機殺人犯刀下的受害者及其家屬，試圖理解加害者曾經有過怎麼樣不堪的人生經驗。

有如待宰的羔羊般，上空、下空地被綁在躺椅上，紅臉獵人說：「接下來請妳完全配合我的手勢和大字報提示，製造戲劇效果的情境對話，內容可以即興，但不可以違反劇本原意，懂嗎？」我點點頭說明白他的意思。

當下我腦袋一片空白，整個心神都被迫集中在赤裸的身體又被完全控制住的不安全感，紅臉獵人看我不停顫抖，大吼說：「老爺今天發現妳偷走了他和夫人的金條，妳要被處罰？還是被趕走？」（同時以手勢示意回答被處罰）我看著兩位獵人手上分別拿著一小綑長長的竹籤，貌似就要進行可怕的活動，很不想回答要被處罰，但不配合對話就會被要求NG重來，我只能違心地回答說：「只要不趕我走，要怎麼處罰我都可以！」

兩位獵人走向我兩側，開始以「長竹籤」刺向我的雙乳，從外圍往中心方向移動，最後刺向乳頭。雖然力道不大，但我痛得開始慘叫，稍微還可以活動的肩膀不由自主地一直往內縮，兩位獵人又異口同聲地大吼說：「把妳可愛迷人的ㄋㄟㄋㄟ挺起來，否則我們會更大力！」那個當下，聽了這些話感到特別難受，覺得獵人們故意過度融入劇情，逼人太甚，我在心裡不停咒罵死變態，但卻不敢罵出來。

紅臉獵人並同時以手指慢慢撥開我的陰唇，從手上那綑長竹籤中抽出其中一支刺向我的陰蒂，企圖要讓我因疼痛掙扎而自然扭動身體，製造出他們想要的情境效果。每隔幾秒，兩位獵人就會先放下手上的長竹籤，一起搓揉吸吮我的乳頭和陰唇，說這叫做「軟硬兼施處罰法」，搓揉吸吮的動作持續一分鐘，再換回長竹籤「伺候」，並命令我維持挺胸的姿勢，但看我實在無力自主維持姿勢了，他們便用一個很小的枕頭墊高我的背部，使我無法將身體縮起來。雖然挨痛的過程持續不到三十分鐘，但我感覺已經過了數個小時。

「竹籤刑」結束後，攝影師把機器暫停，示意中場休息。我請求兩位獵人把我手腳的繩索解開，想上廁所，沒想到，繩索被解開後，娘腔獵人仍不放過我，一面搓揉著我的雙乳，一面從身後推著我說要一起去上廁所，使得我連中場休息時間都不得安寧，是一種被占盡便宜的感覺。我生氣地要他放開手，娘腔獵人大笑說：「看不出來這麼乖巧的小喵竟然敢反抗！好樣的！要自己去就自己去吧，反抗的罪名在下一場一併加重處罰！」被恐嚇的我嚇得魂不附體，躲進浴室裡一直沖水不敢出來，一直等到經紀人來敲門，我才勉為其難走出來接受下一個任務的挑戰。

接著，我被要求穿上黑色絲襪和圍裙（圍裙內沒有其他衣物），扮演餐廳女服務生，在端熱食給客人時，翻倒熱湯而被雇主鞭打屁股，向客人賠罪的情境。

就在這個時候，忽然出現原本三男一女以外的人，一位衣著端莊的陌生男人作為臨時演員，就稱呼他「臨演獵人」吧，他走進這間屋子裡的餐廳，坐下來等待被服務。

經紀人示意我把已經放在櫥櫃上的一碗熱湯端過去，我就按照指示走到臨演獵人身邊，忽然臨演獵人不懷好意地用手指頂了一下我手上那只湯碗的底部，熱湯於是被翻倒了，臨演獵人站起來拍桌大吼說：「老闆有在現場嗎？妳這個漫不經心的女僕，把熱湯翻倒在我身上，我剛買的西裝全都溼透了，看你們如何賠得起！」此時已著衣的娘腔獵人扮演餐廳老闆的角色，立即走上鏡頭前方，淫穢地笑著說：「如何處罰我們的女僕，您才會滿意呢？」

臨演獵人斜眼看了一下我說：「女僕好可愛啊，我好想要你鞭打她的小屁屁給我看！打完再讓她陪我睡，這筆帳就一筆勾銷！」娘腔獵人應允說：「沒有問題，我們會好好修理女僕，讓她絕不再犯。」我聽見了臨演獵人以滿足自己私慾為目的的要求竟然獲得允許，不由自主地一直往後退到像是要貼在牆上一般。

當我驚魂未定、反應不及時，娘腔獵人就將我一把抓起，把我壓到他自己的大腿上，再讓紅臉獵人抓住我的腳，以免我臨陣脫逃；他掀開我的圍裙，在臨演獵人面前瘋狂的用藤條咻、咻、咻地鞭打我的屁股，每鞭打一次，同時怒吼著各種辱罵之詞，以增加他自己的情緒張力及因而產生的鞭打力道，那時候的我骨瘦如柴，屁股扁平無肉，打起來特別疼痛。

我一直想用還能活動的手掙脫，但卻一點力氣也使不出來，在劇烈疼痛中，漸漸聽不清楚三位獵人的對話內容，用剩下的一點兒力氣，啜泣地說這真的只是在演戲嗎？為什麼要打這麼大力？看我快要暈過去的樣子，娘腔獵人放下手上的藤條，把手伸進我的圍裙內，搓揉了我的乳頭，試探我是真的暈過去還是在裝死。果不其然，這種被突襲碰觸到身體敏感帶的方式，一會兒就又把我嚇醒，兩位獵人大笑說：「還想裝死呀，把她的圍裙也拉下來吧！給我們的客人好好看清楚讓小喵去陪睡的價碼！」

被處罰完畢後，我慢慢從暈眩中站起來，配合著情境對話的設計跟臨演獵人說對不起不會再犯，接著娘腔獵人把我推向臨演獵人的懷裡，哈哈大笑說：「咱家不成材的女僕今晚就送給您睡，好好的幫我們調教一下，看她下回給您服務時還敢不敢漫不經心！」

臨演獵人接住了被推過去他身上的我，開始搓揉我紅腫的屁股說：「真可憐，被打成這個樣子。今晚陪叔叔睡個好覺，明天就讓妳重新做人，好嗎？」

我腦袋空空地想不出接下來要如何回答，只有點點頭，於是臨演獵人將全身赤裸裸又傷痕累累的我帶出場，被指示往另一個房間的方向走去。

一進到另一個房間，臨演獵人把我推上床，我立即趴在床上說屁股很痛想休息，是否可以到此為止。臨演獵人不懷好意地說：「讓叔叔來幫妳揉揉屁股，等一下好一點時，再讓叔叔打一砲就放妳走！」我一聽見又要被插入，突然抓住棉被崩潰大哭說：「我屁股真的很痛，求你不要插我！求你不要再插我！我受不了了，我好難受！你要嘛讓我去死，不要這樣一點一點折磨我！」

臨演獵人顯然不把我的反抗之詞當真，更加興致勃勃地開始在我面前解衣沐浴，並以一種被虧欠的語氣說：「只不過打妳三十下屁股就會死在這裡？騙不過我這內行的調教高手！這麼會裝死，老闆是怎麼教的？反正妳今天就是欠我一砲，等一下看我如何好好地調教妳！」

不知道哭了多久，聽見浴室的水聲停止，臨演獵人淫穢地笑著漸漸走近我蜷臥的床，他的老二也變得粗壯起來，咻的一下掀開枕頭說：「小妹妹，出來吧，別跟我躲迷藏！」我本能地把自己裹在棉被裡，從床的另一頭滾到床底下去，企圖往角落閃避，又爬到桌子底下把自己藏起來，聲嘶力竭地哭著，企圖等待臨演獵人粗壯起來的老二自然回復原狀而放棄行動，以躲過這一劫。

但臨演獵人看起來雄性過人，無論我怎麼跟他躲迷藏，他的老二就是不會回復原狀，直到我體力耗盡，臨演獵人把我從桌子底下拖出來，就地壓倒我，把棉被掀開，讓我隔著棉被躺在地上。接著臨演獵人跨坐在我身上，得逞地以他的老二抽插著我的陰道，表情陶醉地揉捏我的雙乳，此時我已經無力反抗，在似真幻假的劇烈疼痛中，哭到被淚水遮住視線，漸漸看不清楚臨演獵人的表情和身形，告訴自己只是在做夢。

這一天我累得很徹底，竟然在被臨演獵人抽插的疼痛中漸漸失去意識，感覺全身飄飄然的，不確定自己是否還活著，亦不記得拍攝是什麼時候結束的。在那一天以及隔天為期兩天的拍攝任務中，我似乎不時會透過讓靈魂稍微出體的方式來減輕身體的疼痛，但也許只是痛到昏迷，無法辨別當下的自己是否還活著。

第一天失去意識前，最後清醒的時間是下午五點多，再醒過來時已經是隔天早上七點多，我發現自己一個人趴睡在前一天最後拍攝現場的那個房間裡的床上，沒有穿任何衣服，屁股上有濃濃的藥膏味，身上殘留的臨演獵人的體液也像是被沖洗掉了，顯然被臨演獵人壓倒在地上的那個狀態，在我昏迷後被移動了。我努力回想前一天晚上是怎麼睡著的，但怎麼樣就是想不起來，也不知道是誰在我原本紅腫的屁股上塗了藥膏，只是明顯感覺前一天的疼痛已經消退一大半。意外地發現自己還活著，心裡竟然出現一個念頭：「沒想到這些人還算有點良心，怕我真的死掉！」但這個念頭似乎不夠真誠，更像是在說服自己信任他們的殘忍是有底線的。

經紀人看見我清醒過來了，說今天下午的拍攝任務中仍有鞭打的情境，但一定會視情況停止，我懇求說請她告知兩位獵人就當作真的在演戲，下手不要這麼重，經紀人也應允我的請求。但事實往往不如人意，在虐戀的情境中，施虐者下手的力道總是依循著他們當下淫欲的程度而定。

再一次，我又被五花大綁，依然是裸露雙乳和下體的狀態，似乎所謂的性虐待，就是要跟女性的身體敏感帶過不去，換句話說，以虐待女性身體敏感帶，來取悅狩獵者以及會看到這支影片的觀眾而獲取金錢利益。

經紀人以淡定的語氣說明接下來的劇情安排：為了演出被刑求的情境效果，第一個場景會使用「乳頭夾」、「低溫蠟燭」和「陰唇穿環」來進行刑求。我在身體已無法反抗的情境下，只能逆來順受；有了前一天的經驗，我不再作無謂的掙扎。

兩位獵人來到我的兩側，粗魯地搓揉我的雙乳後，拿出乳頭夾，夾住我的乳頭，我不由自主地張口並不斷地急促呼吸，但疼痛的程度仍讓我身體顫抖到沒有力氣喊出聲。

紅臉獵人忽然大吼說：「妳知道我們今天要刑求妳什麼事實嗎？」我搖頭說不知道。娘腔獵人甩了我一巴掌，說：「還要裝蒜到什麼時候？」此時我看見經紀人拿著大字報示意回答，被刑求的事實是把不慎被毒死的嬰孩拿去山裡面埋葬以銷毀證據，在一開始被刑求人必須盡其可能地否認自己有做這件事情。

我看過大字報後，弱弱地回答說：「人不真的不是我殺的！我只是剛好看見了死掉的嬰孩，就把他帶去山裡面埋掉了。」紅臉獵人大吼說：「人不是妳殺的為什麼要這麼心虛？把她的陰唇穿環，直到她供出事實為止！」我繼續急促呼吸，但全身動彈不得，只能任由他們撥開自己的陰唇，把數十個穿環一個一個扣上去，每扣上一個穿環，我的身體就有如抽搐般地顫抖一下，哀求獵人們手下留情，但獵人們很堅持要在我的陰唇上穿滿二十個穿環，並等待第一段的錄影完成，我才能供出事實以停止刑求。

等待陰唇被穿環的時間裡，我感覺到前所未有的疼痛和無力感，喊不出有多痛，似乎讓他們以為這還在我能忍受的範圍內。我一面流淚，腦海裡閃過了很多活過十七年的記憶畫面，彷彿是在等死一般。「我是不是真的犯了什麼不可原諒的錯誤？要在這裡求生不能、求死不得！」我在暈眩中，仍不斷強迫自己思考著這個問題。

在為娼的日子裡，「我是不是真的犯了什麼不可原諒的錯誤？」這個想法總縈繞在我的心頭。那不可原諒的錯誤，是來自我的家庭根深柢固、婚前守貞的性價值觀，儘管我總覺得自己的父母跟這個社會很多觀念有理解上的鴻溝，使得他們有著一種假為憂國憂民、實為厭世情結的行為傾向，但那時候的我仍然相信他們的想法雖不入世，必有其堅持的理由，我是不是因為不聽他們的話，沒有守住身體的界限，才會遭到如此的報應呢？

兩位獵人約略花費了一個多小時的時間，完成陰唇穿環的情境畫面。這個任務原本只需要幾分鐘即可完成，但他們一面執行任務，一面玩弄著我的陰蒂，甚至用他們的嘴巴對我的陰唇又親又咬，把我這塊嫩豆腐吃得死死的，再用一種令人作嘔的眼神看著我無助悲苦的表情。

每一個清醒的片刻，我心中都充滿輕蔑與憤怒，但在快要昏過去時，又想到前一天在被鞭打中昏過去的下場，竟是被獵人們以玩弄我乳頭的方式叫醒，便努力地維持清醒狀態，等待著經紀人的手勢指令出現，才敢繼續顫抖地說：「被埋葬的嬰孩確實是我殺的，我願意接受最嚴厲的刑罰。」紅臉獵人哈哈大笑說：「蠟燭刑伺候囚犯！」

我感覺自己被欺騙了，說好供出事實就可以結束刑求，為什麼還要接受更嚴厲的刑罰？原來，他們在情境對話上的設計，早已使得兩種結果都會導致飾演囚犯的人繼續受虐。換句話說，要是囚犯堅決不供出事實，則繼續刑求；若囚犯供出事實，則另以刑罰處之。無論囚犯如何接話，都會遭受繼續受虐的結果，以演戲為名，行虐待之實，在虐待獵物的當下並同時滿足獵人自己的特殊性癖好，可說是拍攝「虐戀」的重要目的之一。

此時的我乳頭被夾住、陰唇穿滿了如耳環般的小鋼環，還有一支「假老二」卡在陰道裡，即便沒有被五花大綁，稍微活動一下身軀都可能會受到更嚴重的皮肉傷，因此我已經放棄任何掙脫的行動，幾乎失去求生意志。

但看著獵人們開始以打火機點燃蠟燭的那一剎那，還是禁不住害怕起來。儘管他們強調那是低溫蠟燭，不會造成燒燙湯，我還是擔心被欺騙而留下燙傷的疤痕，腦海一直想著如果真的留下燒傷的痕跡，未來的日子要怎麼過下去？想著明明只是要演一場戲，為什麼會被處以極刑的對待？

我使出最後的一點兒力氣，對他們的施虐手段和目的提出質疑，卻得不到正面的回覆，在場的其他人，除了施虐的兩位獵人外，攝影師和經紀人皆以冷漠的眼神凝視著不斷掙扎哭泣的我，經紀人甚至若無其事地抽起了菸。女人吞雲吐霧的樣子格外令人戰慄，這一幕景象看在我眼裡，是一種錐心刺骨的痛。我向來相信人心終有其善的一面，只是總為了不得已的原因而暫時被遮蔽，卻也開始懷疑自己的信念是否只是一廂情願。

正當我的視線被淚水浸溼而變得模糊時，蠟油如雨滴般一滴一滴地滴下來了。看著滴下來的蠟油，我感覺連獵人們手上的蠟燭都像是在為我哭泣，讓哭到已經淚水耗盡的我，情緒得以繼續延展。雖然蠟油冷卻速度很快，但每一滴蠟油剛滴下來的那一刻，都使我不斷經驗到有如抽搐般無法控制的顫抖，而這種造成受虐者因疼痛而無法控制淚水並抖動身體的情境，正是他們所要拍攝的目標畫面。以不同的刑具製造出不同的凌虐效果，不僅僅滿足了在場的獵人們病態似的性癖好，更是要取悅將會看到這支影片的觀看者，又，什麼樣的人會有觀看性虐待影片的癖好呢？他們是不是病入膏肓的人呢？此時此刻，我揣測著曾觀看這支影片的人們，想著他們被包裝的獸性，心裡冷笑著。

我記憶中感受到疼痛程度最為劇烈的刑罰應該就是前文所描繪的陰唇穿環，但經常出現在我成年之後夢境中的畫面，卻是最後飾演遭受鞭刑的囚犯之情境。我明白，放不下的原因是發生在情境中的對話，一字一句都像是衝著失守純潔的我而來，使得我久久無法釋懷。

上一場拍攝完成後，我身上的刑具都被拆卸下來，約略休息了兩個多小時之後，經紀人確認我屁股紅腫的情況已經消退，告訴我最後一場拍攝完成後就真的結束了，再忍耐一下。我看著仿真的鞭刑台在自己眼前，儘管害怕至極，但不想前功盡棄，仍然咬著牙遵從命令，讓自己赤裸裸的身體趴在這個冰冷的刑具上，一面懇求獵人們下手輕一點。然而，才剛趴下去，獵人們又開始對我的身體上下其手，撫摸著我黑青破皮的乳頭和還在淤血的陰唇，蹲下來虛情假意地低聲說：「這一次我們不會夾住妳可愛的乳頭和刺痛妳粉嫩的陰唇，但請妳的屁股配合一點，不要再給我裝死！」我顫抖地回應說會盡力配合。

我記不清楚後來的情境對話由誰開始，只記得兩位獵人互相嬉鬧說：「你知道這個女孩今天為什麼被綁在這裡受刑嗎？」

另一位獵人回答：「因為她背叛了咱村子裡未婚女性守貞的習俗，還與已婚的大夫兒子發生曖昧關係，我們是不是把她修理完之後，賣給隔壁村子那個跛腳的商人當小妾呢？」

「可人家跛腳歸跛腳，起碼婚前還是個處男呢，這女孩不但瘦骨如柴，身上還有刀疤，賣不了幾個錢就罷了，還給我們的村子丟人現眼！」

「說的也是，那就先把她鞭個皮開肉綻，再送去山上活埋了吧！留著她，怕哪天還得造反！」我聽兩位獵人對話中的憤怒，貌似真的要實現皮開肉綻的鞭刑效果，開始以顫抖的聲音哭求原諒，卻想不出該如何接續情境對話，可以稍微降低他們太過入戲的怒火。

此時我嚇得尿流，獵人們看見他們想要的戲劇效果出來了，開始揮鞭，每揮鞭一次，就捏住我被自己尿液噴溼的屁股，哈哈大笑說：「還知道要怕呀！敢做敢當，面對吧！」接下來我不太記得被兩位獵人輪流揮鞭幾次，只記得他們每一鞭揮完之後，都會再說一些羞辱的話，時而揉捏我的乳頭，時而以手指在我的陰唇內前後滑動，蹲下來細細欣賞我身體的線條，其中一位獵人嘴裡還碎碎念著說：「如果她屁股的肉再多一點、翹一點，肚子不要那麼扁，那該有多性感啊！」說完之後，再站起來揮下一鞭。每等待下一鞭揮下去的幾秒鐘裡，都像是過了幾個小時，約略刑罰進行一半，我已經感覺到自己皮開肉綻，疼痛難耐，羞辱的話語似真幻假，究竟是演戲，還是施虐者真的想要對我為娼的職業角色加以羞辱，已然無法區辨。

忘了過了多久，我漸漸感到頭暈目眩，哀求停止鞭打，但獵人們一直企圖在揮鞭停下之時，拍打我的雙乳使我保持清醒，可是我仍感覺意識越來越模糊，即使快要結束時，我感覺到自己被澆了一桶冰水，卻還是無力完全清醒，攝影師終於像是良知發現，拍不下去，喊出停止拍攝，兩位獵人才意猶未盡，緩慢地解開我身上的手銬和繩索，把我抬去床上休息。

屁股上的傷口一碰到床面，我又痛到驚醒，翻身趴著睡，完全沒有力氣站起來沐浴穿衣，管不了有幾雙眼睛在身後看著我赤裸裸的身體，依然沉沉地睡去。

睡了不久，忽然感覺有人在自己身後清理傷口，被塗上優碘的那幾秒鐘，我又痛到再度驚醒。經紀人讓我咬住一條溼的手帕，說忍耐一下，必須立即清創，以免傷口感染。我咬住手帕說不出話，但腦海中想法不斷，想不透他們既然還顧慮到拍攝結束後會造成受虐者永久性的傷口，為什麼要下手這麼大力？被清創包紮後的我哭著哭著又過了一個小時，才讓自己真正地睡著。

隔天早上我被送回宿舍，繼續趴睡一整天。在那個任務完成之後，我將近一個月無法上工，每天都感覺身上的傷口一直滲出不明液體，結了疤又流膿，無力的感覺讓正在放暑假的我希望永遠也不要開學，害怕無法坐下來超過五分鐘的屁股會成為暗地為娼的證據。

就在這個最無助的時候，「太子狼」出現了。有一天他敲敲我的房門，說自己是集團的幹部，要進去看看我的傷口復原狀況，以便決定如何安排接下來的工作。我竟然沒有質疑他關心自己的意圖，開門讓他進房，且解開衣褲讓他看到自己受傷的部位。

太子狼別有心機地笑說：「妳這嫩豆腐般的皮膚和天然呆的臉蛋，讓想吃掉妳的人更加無法招架，都是妳的錯，妳太可愛了！」他自許為好人地想要博取我對他的好感，卻又不時講一些為凌虐我的獵人們辯護的話語，我心裡有些不悅，卻沒有勇氣糾正他。他說要每天來幫我換藥，陪我聊聊天，讓我知道儘管獵人們的需求變化多端，經驗豐富的娼妓或女優也未必都能從容應付，但集團裡也是有好人的，不開心時想想這裡的每一個人都是這樣在過日子，心裡就會好過很多。真是如此嗎？

太子狼還說我真是向天借膽，哪來的勇氣接下這種虐戀場景的拍攝任務？我無奈地回答說，我以為只是要演一場戲，沒想到會被修理得這麼悽慘。他用一種教導小孩子的口氣，意圖合理化這種行為地說，有一種人因為無法享有正常的性行為，而可以很享受這種被虐待的皮肉疼痛，但如果不是這種人，就會感覺生不如死。他總對我的天真無知感到很有趣的樣子。

後來，太子狼又試圖洗腦我說，虐戀並非真正的故意虐待，它有其存在的必要性，也有一定的客戶群在關注這樣的情趣商品。他話中所指能夠享受虐戀的對象是所謂的同性戀者，但當時的我天真地以為，同性戀者不會愛上異性，純粹是因為他們不需要性愛，因此難以理解為何需要不擇手段去享有得不到的感覺。

太子狼告訴我，我會被安排拍攝虐戀，是因為集團裡面有人在說我入行那麼久，仍無法以歡愉的心態享受男女之間的性愛，難以取悅絕大多數的獵人，以為我需要更重的口味才能表現出高潮，因此安排我去體驗一場同性戀者可能會採取的性愛模式，期待我在這種身體敏感帶遭受強烈疼痛的情境中，或許會有更好的表現。

正當我以為自己對於任務的安排仍有拒絕或選擇的權利時，太子狼忽然像是說錯了什麼，想收回他無心的言論，也不打算正面回答我的問題，而是使了一個心眼，轉移話題地說他在集團裡握有一定權力，不如就跟他交往，肯定可以給我安排最好相處、要求不會那麼奇怪的獵人。

我當下並沒有意會到太子狼的話中有話，只是對於他的關心感覺有如雪中送炭，便同意與他交往，但我竟然有好一段時間腦袋像是被漿糊黏住了一般，沒有細想過什麼樣的男友會把自己女友的身體繼續跟他人「共用」呢？雖然交往過程中不夠情投也算是意合，我仍然有些抗拒偶爾必須以自己的身體跟太子狼交換被安排需求較單純的獵人們，但與太子狼所發生的性行為並不至於使得我感到那麼疼痛難耐。

此外，在我傷口復原後，太子狼常常開車帶我出去玩，曾過了一段無話不聊的日子。更確切地說，是我明知他別有意圖，仍把他假想為單純的靠山。交往的期間將近三年，這段感情在我心中似真幻假，最後訂婚的儀式更像是把這段假想的愛情送進了墳墓。

我一開始也不排斥當他是適合自己的伴侶，只是心裡未曾準備好且很抗拒要與在這個圈子裡認識的人走入婚姻，當太子狼要求與我訂婚，並收下一些來自他家人所提供的象徵性禮品時，我仍不斷思考著如何擺脫這樁婚事的安排。

矛盾的是，在太子狼出現之後的日子，我的娼妓生涯不但不再遇到性變態的獵人，工作安排也少了很多，這對我而言，是個很優渥的福利。我在往後的日子裡可以更專注於學習，能夠順利從學校畢業，似乎太子狼也有一份功勞。可以說，我對太子狼是又愛又恨，既想接近，又想擺脫。

只不過，當時懵懂無知的我，不曾發現他的占有慾遠遠超乎我所能理解和忍受的範疇，根本不容許我有選擇的餘地；且太子狼無法忍受被女人背叛的挫折，從而成為我未來日子裡的恐怖情人。

第十一回

亂倫獵人的懺悔

成年早期的我，在選擇性地遺忘了曾經為娼的經驗後，也忘了自己為什麼在接近十九歲時才有了月經，曾將對此事的記憶解讀成可能有身體發育上的障礙，卻記不得自己事實上在剛滿十五歲時，就已經體驗過約略五次的經期。自從被黑道大哥逮入淫窟，落入了獵人們的天羅地網後，因無法選擇上工的時間而必須幾無間斷地服用避孕藥，使我再也很難有月經。

由於極度害怕因受孕而被迫墮胎或提早結束學生生涯，儘管蜜糖姐姐跟我說過避孕藥不會因為多吃一點就更降低受孕的機率，言下之意可能是萬一真的有事，在最快的時間內就以藥物流產，疼痛幾個小時就沒事了，自然心去面對任何的風險就好，不需要事先過度謹慎地預防此事發生的可能性。但我不想賭，不管事前藥還是事後藥，都會服用雙倍的量，就怕萬一。我當然知道所有的藥物無不傷身，但多服下的量，在意識的某個層面，是一種想放棄自己的狀態。

在遇到太子狼前，每週我都至少有三個晚上與不特定的獵人們過夜，過度服用避孕藥的每一刻，我是充滿罪惡感的，有種把好好的一個身體毀於自己手裡的不安。雖然我想要消失，但我希望自己是被消失。要避免懷上不知道是誰的孩子的風險，本身便是個冠冕堂皇的理由，用藥的天數幾乎占據了一個月的一半，根本想不起來上一次來經的時間；確切地說，是無法計算自己的月經週期，不知道何時必須吃藥、何時可以不必吃藥，只好每次都吃，我甚至希望自己不再排卵，成為隨時隨地都準備好要服務獵人們的狀態。

遇到太子狼後的一段時間，儘管我的工作安排漸漸減少，但仍不時必須以自己的身體滿足太子狼的需求，以作為不再被安排給性變態獵人之交換條件，因此，我仍然會在與他見面之前或事後服用避孕藥；加上每週還要至少服務其他的獵人一次，用藥的日子依然占據了一個月的四分之一。無法選擇什麼時候真的可以停藥，也就是說，當需要我的獵人出現時，就必須上工，不管時間合不合適、是不是剛好在所謂的排卵週期，都無法成為拒絕上工的理由。我漸漸對於應該是有月經的自己感到陌生，甚至還來不及完全明白，月經對於一個女人而言，除了在排卵期間有受孕的可能性外，還有著什麼樣的意義。

太子狼似乎不只有我一個女友，因此他與我發生性行為的頻率，也僅約略每週一次。我總是希望他能配合我每個週末那一個獵人的時間，這意謂著，我能夠吃一回藥就滿足兩個獵人的需求，但這樣的期待似乎太過奢侈，腳踏兩條船的太子狼與我交往的目的，只是為了減少買春的罪惡感，名正言順地與我發生性行為，自然也無視於我對於允許身體發揮正常功能的渴望，仍然以他自己想要的時間為主。也許他事實上並不想要與另一位男人像是在同一時間內共用我的身體吧？但難道他不會擔心自己未來的妻子無法傳宗接代嗎？

儘管如此，我對於太子狼的不體貼與不在乎，感到憤怒卻不敢有所抱怨，並且也懷疑過他既然把我視為未來結婚的對象，為什麼還放任我繼續在集團裡從事娼妓工作，被其他獵人們使用我的身體？太子狼似乎不喜歡跟另一個獵人在很接近的時間內共用我的身體，卻又好像允許自己未來的女人在結婚後仍可以從事出賣身體的工作以賺取金錢、維持生計，如果他真的是這種人，與他結婚不就是步入另一個黑暗的深淵？我真是越想越害怕。

然而，基於尋求保護的心態，我繼續欺騙自己仍然喜歡他，但隨著與他交往的時間越久，越抗拒與他有身體上的親密接觸，尤其當他要插入我時，從來不肯做任何保護措施。也許他認為，避孕是女人的責任，像他這樣一個可以買婚的男人，恣意摧殘一個以婚姻為前提之女人的身體，真出事了也沒有他的事，若女人真的因此而失去了傳宗接代的能力，再買一個就好了。在那個圈子裡，青春的肉體一廂情願奉獻給金主男人的氛圍才是主流價值，底層女性的拜金傾向，自是容許沙豬百態繼續存在於男女平權社會的利器。

我實在不明白太子狼究竟有沒有真的愛過我，有時感覺太子狼對我很好，帶我出去玩又買一些我喜歡的可愛文具和玩偶給我，有時候又感覺我自己對於太子狼而言只是功能性的存在，只有當太子狼需要我的身體時，我才感覺他開始重視我們之間屬於情感層面的那一層關係。然而，真正被愛的感覺又是怎麼樣的呢？兩人之間完完全全兩情相願的性行為，又該如何定義？我始終難以區辨，即使在書寫這個經驗的當下，我仍然不確定是否已經找到答案。

在我十八歲接近十九歲時，有很長一段時間，太子狼被集團派去一個距離我所居住的城市很遠的地方支援新設立的酒店，由於該事業涉及很多太子狼的家族利益，他因此變得忙碌不堪，我與太子狼實際見面的時間減少到一個月或甚至兩個月一次。那段時間對我而言，是娼妓生涯中最開心的日子，不但可以繼續享有太子狼所給予的特別照顧，僅需每週上工一次，又可以不用在週間另外的時間將身體供他使用。似乎我在那時候才真的意識到，自己並沒有喜歡過太子狼，儘管太子狼與我發生性行為時，比起絕大多數的獵人們而言，還算溫柔緩和，或者說是至少在性的背後還有一些愛情的成分，但我總是記恨著他不願意配合避孕的不體貼行為，而樂見他變得沒有時間與我在一起。

果然在太子狼離開我所居住的城市工作三個月後，我久違的月經終於又出現了。我永遠也忘不了那一天，先是悲從中來地坐在馬桶上哭了將近半個小時，又開心地騎著腳踏車去超市買了衛生棉，重新體驗經血在自己的下腹中流動的滋味。儘管我當下感覺肚子疼得要命，頭痛欲裂，冷汗直流，而很多時間必須臥床休息，但仍然希望每個月都能夠再經歷一次這種「允許身體發揮正常功能」的感受，似乎曾經不希望再有月經的想法，也不是真實的。太多迫不得已的生活際遇，使我習慣說服自己忽略身體的需求及應有的功能，並有著致力於滿足他人需求及期待的性格傾向。

讓我越來越不喜歡跟太子狼在一起的原因，似乎與另一位性行為模式比他更不具傷害性的獵人有所關聯。我不太確定自己是否在那一年開始走運了，遇到了一位只想看看、摸摸我的身體，卻從來不會想要插入我的下體的獵人，這意謂著與他合作的期間，可以不用吃藥，因此，與其說他的性行為模式較不具傷害性，不如說是這位獵人有心無意地允許我可以在滿足他人需求的同時，也讓自己的身體發揮正常功能。

那位獵人只想要欣賞和逗弄我的身體，有如飼養小動物的主人在撫摸自己的寵物一般，但我怎麼也沒有想到，這位獵人竟然是曾對他的親生女兒亂倫的父親，就管他叫「亂倫獵人」吧。

亂倫獵人第一次見到我的時候，就跟我說，我長得好像他那個十六歲就因病而死去的女兒，且將近十九歲的我，看起來很像是他女兒約略十三、四歲時的樣子，他以為我真的年紀那麼小，在縱慾的同時又表現出不忍之情。

亂倫獵人外貌溫文儒雅，卻是道貌岸然的人。身高約略一八五公分，清瘦高挑，不但衣著整潔乾淨，還有幾分帥氣，與其他獵人很不一樣的是，他來尋找娼妓少女，不完全是為了縱慾，更像是在找一個情感上的寄託。

當時入行三年半多的我已經很習慣在與獵人進到房間後，就不加思索地解衣沐浴，藏住對未知的害怕，準備好接招各種不同樣貌的性需求，通常獵人們也會迫不及待地與我一起洗澡。但亂倫獵人看我開始準備自己時，卻是坐在床邊專注地看著我洗澡，臉上的笑容還十分詭異，像是很陶醉在欣賞女孩子洗澡的樣子。

我沐浴後，亂倫獵人也只是把自己的外衣、外褲脫下，若無其事地躺下來休息，但沒有打算沐浴或準備插入的行動，我忽然覺得很納悶，不知道為什麼，他看起來好像沒有意思要插我的感覺，他究竟想要做什麼呢？

我主動詢問他想要如何被滿足需求，他只是用手拍一拍雙人床另一邊的床面和枕頭，示意我拿掉浴巾，就這樣赤裸裸地躺在床上陪他休息、聊聊天就好；接著一面揉捏我的雙乳，一面訴說他工作上的瑣事，在他的手沒有停下來之前，我被迫屏氣凝神地假裝聽得懂只屬於他生活界域的煩惱。

亂倫獵人以一種說故事的語氣對我說，在他女兒病逝前，他幾乎天天看著她洗澡，雖然她總說厭煩，卻沒有真的拒絕過他特殊的癖好，而他的妻子也在女兒很小的時候就病逝了。

他仔細端詳著我的身體說：「我女兒身上的刀疤幾乎跟妳長得一模一樣，看到妳就好像看到她，我不忍心弄痛妳，只想好好地這樣摸摸妳的身體，讓我感覺女兒還活在我身邊。」

當亂倫獵人這麼說時，我也注意到他的老二竟然沒有因為逗弄我的身體而變得粗壯，究竟是性功能障礙，還是他真的不忍心插入我的身體，實則難以區辨。無論獵人們的技巧有多好，我仍很不喜歡被他們插入的感覺。無法真正放鬆身體而總是感到疼痛，也許只是個無足輕重的原因，就更深一層的感受而言，是那種疼痛總會不斷地提醒著我是一個沒有身體自主權的娼妓之身，引發我對自己身體意象強烈的自卑感。

亂倫獵人與我見面的第五次吧，知道我的學習背景及文書專長後，告訴我說，他的真實身分是一名大學教授，並邀請我去他的研究室做工讀助理，一週僅一個半天，每次三個半小時，卻自掏腰包給我每月五千元的工讀金。在那個工讀金普遍為每小時八十元的時代，這樣的待遇算是相當優渥，幾乎高於行情的三倍以上，當然必須附帶一些允許親密接觸的服務。

雖然說是他自掏腰包另給我額外的零用錢，但這個交易仍然是在集團的監控下達成，也就是說，我並不真的對於這樣的工作安排有選擇的權利，只是亂倫獵人因而被允許以私人的管道直接聯繫我。另一方面，亂倫獵人不希望每一次見到我時，都只能做在旅館房間裡做的那些事情，也就是說，他對於我可以為他做的事情，有與其他獵人很不一樣的想法，又若能在旅館以外的地方見到我，感覺更像是他女兒還在他身邊。這樣的僱用名義，也可以解讀為他不希望每一次都必須透過媒介的管道才能見到我，就像是他自己的女兒被掌握在他人手上的感覺。

亂倫獵人所服務的學校距離我當時就讀的學校很近，總是在約好的時間，自己開車來我的學校門口接我去他工作的地方，並告訴我說，如果他的研究室裡出現其他訪客，我必須假裝是他的「另一個女兒」，不要說是助理；因為如果他跟女性助理同在一間研究室時，按照學校的規定必須打開大門，不能鎖門，否則會引發同事或學生不必要的疑慮。我明白了他的意思，也小心謹慎地按照他的指示行事，當然也是為了避免自己因為娼妓身分而認識亂倫獵人的事實被局外人知悉。

亂倫獵人總是隨意派給我一些很簡單的工作，例如繕打資料、泡咖啡、接電話之類的小事情，大部分的時間都讓我坐在他旁邊看自己的書，做自己的作業。然而，受僱於亂倫獵人的工讀助理，畢竟有被視為娼妓的那一層意義存在，因此，當亂倫獵人工作累了，便會要我過去坐在他的大腿上，掀開我的上衣，拉下我內衣的肩帶，特別緩慢而溫柔地掏出我的雙乳，並不時偷襲地捏一下我的乳頭，看著我被嚇到後變得焦慮不安的模樣，他開心地笑了。

亂倫獵人用一種很詭異的語氣跟我說：「我曾最喜歡這樣子撫摸我女兒，把她的雙乳從厚厚的衣服中掏出來，趁她不注意時，再偷襲她的乳頭，看著她羞澀的表情，觸電般的顫抖，實在是可愛到了極致！妳的反應就跟她一模一樣！真令人懷念的滋味。」他就是這樣一個對於玩弄少女的乳房有特殊嗜好的男人，使他無視於與他女兒之間應有的倫理界限。

有時候亂倫獵人命我趴在他電腦桌旁的沙發上，放一個有點高度、微硬的枕頭在我的下腹部，拉下我的外褲，並把我內褲的布料從兩邊外側推向股溝的位置，使我看起來就像是穿著一條丁字褲。接著，他先是搓揉我的屁股，再將手伸入我的股溝中尋找陰唇、陰蒂，輕柔地逗弄著，又一面若無其事地做著他自己的事情。常常我就是這樣動也不敢動地趴在沙發上將近一個小時，什麼事都做不了；有時感到厭倦、無奈，也就這麼睡著了來打發他縱慾的時間，但不小心真的睡著時，又會被亂倫獵人用手伸進我的衣服中偷襲我的乳頭，把我嚇醒後他又哈哈大笑。

雖然他的這些行為都不至於會使我感受到疼痛，但仍然令我感到不舒服、不受尊重。對亂倫獵人而言，我只是一隻可以被任意玩弄的小動物，而不是一個有身體自主權的女孩。我也意識到亂倫獵人使我美其名為工讀助理，但於實質上只是把一個他看上眼的娼妓獵捕到他觸手可及的生活空間內，就算說服自己假裝是他的另一個女兒，如果為人父者會這樣對待自己的女兒，似乎也不難想像他會創造出什麼樣的關係僵局。

起初，他的行為總讓我摸不透他的心思，不懂他既然把我當作自己的女兒看待，為什麼要做出這些很猥褻的事情。有一天，我忽然有個靈感，想著如果他真的也是這樣對待他生前的女兒，會不會他女兒死亡的原因並不單純只是生病呢？正當我開始質疑亂倫獵人所說的並不全是事實時，就不只一次地在他的研究室裡看見一位跟自己氣質很類似的女孩，我知道她就是亂倫獵人所說的那位死去的女兒。

那個已不存在於現實空間中的女孩，頸部有一條很深的勒痕，左手的側邊上臂還有一朵暗紅色玫瑰花圖案的刺青。她臉部的表情常常是猙獰而痛苦的，有時候她在哭泣，有時候她只是站在那兒瞪著亂倫獵人。當她出現在他研究室的牆角時，她的面前總伴隨著一條從天花板垂下來的藍灰色麻繩，貌似要跟我說，她事實上是上吊自殺身亡的。

後來又有一天，那女孩突然以一個意念傳達訊息給我，大意是說：「不要相信我爸爸跟妳說的事情，我並不是病逝的！」我漸漸理解自己之所以遇見亂倫獵人的原因，也許是他的女兒自殺死亡後，亂倫獵人仍無法明白或不願意承認，是他猥褻的行為使得她找不到自己存在的價值，總有著被物化、被貶低的感覺，而我這樣的一個娼妓之身，也是深刻體會過的，因此，冥冥之中的安排，使我得以體驗他女兒生前所感受到一切的不愉快，待時機成熟，再透過像我這樣可以傳達無形存在之訊息的管道，使亂倫獵人明白他女兒自殺身亡的前因後果。

隨著那女孩所透露的訊息越來越多，我漸漸明白不會插入自己下體的男人，也未必是基於他不忍弄痛女人的身體為由，只能說他對於女人身體美好的想像僅在於「兩點之間」，而未及於「第三點」。與亂倫獵人相處的時間越久，他的行為變得更加猥褻，在他認識我約略四個月後，來到了炎熱的夏天，他開始要求我把所有的外衣、外褲全部脫下，並把內衣往下拉到可以清楚看見我雙乳的位置，或者脫下自己原本穿的衣褲、內衣，披上他帶來的，沒有鈕釦的長風衣，但風衣裡頭只能有一件內褲，就這樣幾乎赤裸裸地坐在他座位邊的沙發給他欣賞，方便他偷襲我的雙乳，使他可以隨時享受我焦慮不安的模樣以及驚恐的反應，就像他女兒生前那樣。

我一開始總是聽命行事，但後來對於他的要求越來越抗拒，故意不主動寬衣解帶，讓他等得不耐煩了，便走到我背後，揉捏著我身體的同時並直接把我的衣服拉下來。我並沒有使力拉住自己的衣服，任憑他以自己的方式幫我解衣。

亂倫獵人越來越不能理解我的被動，他總是說：「脫啊！怎麼不脫了呢？

妳又不是第一次認識我，在擔心什麼？想惹我生氣嗎？」我似乎樂於把他惹毛，讓他成為侵犯行為的主動者，因為非由自己的行為而引發亂倫獵人的性慾，可以大幅減低我對於娼妓之身的罪惡感。

有時候，我對於在那樣的場合工作，卻被要求做出在旅館房間裡做的那些事情，感到無來由的羞愧；聽見研究室外頭有他同事聊天甚至是學生嬉鬧的聲音，更是覺得渾身不自在，總擔心著鎖住的那扇門會突然發生什麼事情的就被推開，所有想要隱瞞的事情也將可能一一浮上水面。

自從他要求我在他把研究室的門鎖上後，必須完全服從於他的指示，我也越來越害怕每週與他見面的時間到來。無論如何說服自己，亂倫獵人對我以身體滿足其需求的程度，相較於其他獵人而言都輕鬆許多，至少不用忍受被粗魯插入後的疼痛，但心中仍有說不出的苦悶。

在那樣的場合以無釦風衣遮住了部分身體卻「露出兩點」，對我而言有著主動挑起獵人性慾的那一層意涵；另一方面，在衣著端莊的男人面前幾乎赤裸著身體，還要裝作若無其事地工作，接受他突如其來對我身體敏感帶的侵犯，被奴化的感受又更加深刻。

亂倫獵人對性行為的嗜好，允許了我不需依賴避孕藥來因應受孕的風險，使得身體得以發揮正常功能，但卻又像是遇到了另一種類型的性變態。這樣的日子竟然也持續了一年兩個月，直到我離開黑道大哥集團後的一個禮拜內，也名正言順地辭去了亂倫獵人的工作。辭去工作的那天，我選在他「死去的女兒」也在場的時間，才說出了我早已知道他女兒是上吊自殺，並且總在固定的時間出現在他的研究室裡面瞪著他的祕密。

我以一種像是報復式的心態跟他說：「有一個女孩，她左手的側邊上臂有一個暗紅色玫瑰花圖案的刺青，每當我們在這裡的時間跨越下午四點時，她就會出現在鐵櫃旁的角落，站在約略二十公分高的書堆上，穿著褐色的無袖針織上衣和米白色的短裙。她的脖子上有一條很深的勒痕，是用藍灰色的麻繩作為上吊自殺的工具，死亡的時間應該就是下午四點。她曾說她並不是病逝的，她想透過我跟你說，承認你就是親手殺死她的父親，她在等著你好好地跟她說對不起，讓她好走。」

那一天，我看著亂倫獵人如預期地頓悟了自己的罪惡，懊惱地痛哭將近一個小時，並面向著我所說的、那女孩所在位置的角落，以誠懇的話語請求已逝女兒的原諒，承諾不再對其他女孩做出同樣的事情。我的心中湧現了一種勝利的快感，伴隨著釋放曾對亂倫獵人猥褻行為之不愉快的感受，也就在當下，她的臉上浮現了未曾有過的燦爛笑容，貌似也原諒了亂倫獵人對她生前的侵犯行為，隨後完全消失在那個空間。

然時至今日，我又理解到他死去的女兒也許真的是病逝的，只不過那所謂的病，是一種使她得以無視於自殺身亡之恐懼的身心疾病，如同那時候的我，也曾經想過一百種消失在這個世界上的方法，只不過我對於個人際遇絕望的程度，似乎未曾使我因此具足自我了結的勇氣。但這並不是說，我一直以來都被傷得不夠深，而是那些不能將我置於死地的，或許終將成就我強大的生命氣場。

第十二回

總是刺耳的讚美

如果說大部分人們對自我的概念，包含個人形象、性格傾向、身體樣貌等等，都來自他人的讚美與批評，我應該也不例外，特別是在追尋自我價值特別積極的青少女時期，我也試圖從經常互動的對象給予自己的評價中來瞭解自己。倘若他人的評價還算真誠，或至少不以利用他人為目的的前提下，人們應該都是喜歡得到讚美的，但為什麼有些讚美對我而言，「總是刺耳」甚至不真實呢？

我自從有了初夜後，對於即將面臨的、可能超乎自己所能承受的生活挑戰越來越有現實感，開始記錄並概算自己將要在遇見第幾個獵人後才能完成清償任務。原本預期如果與每一個獵人能有三次以上的交易，至少也要被安排與四百個以上不同的獵人，進行一千兩百次以上的性交易才能夠完成清償任務，而如果每週以課餘的時間工作三次，也需要花費至少八年甚至九年的時間，為此我感到前途一片黑暗。

後來雖意外因為黑道大哥在病逝前良知重現，使得我幸運地提早結束黑暗生涯，並且在後面的兩年，工作安排因為太子狼權力的介入而減少了一半以上，但直到工作結束的那一天，我記錄了一百三十七位不同獵人的樣貌（但未全部命名），一共進行了三百六十三次性交易（期間交易總額高達七百六十七萬元，扣除兩成的交易成本，用於清償的金額計四百六十四萬元，並有一百三十四萬元的交易所得作為我的生活費），儘管預期所需花費的時間和次數幾乎都少了一半以上，但痛苦程度似乎沒有相對更低。

對我而言，更大的挑戰在於逃離之後的日子，我似乎沒有一天能夠完全擺脫對那段黑暗經驗的恐懼與自卑，總擔心著在那之後我所遇到的人們會知道或在乎我的過去。這份恐懼不時讓我無預期地看見一些使我記憶深刻的獵人們之身體樣貌，甚至他們的陽具就出現在我眼前，或聞到他們身上的氣味；而我的自卑在於，每一次因為自己的努力而獲得他人的讚美時，那快樂的感受總是不夠真實，我仍然嫌棄自己，也懷疑他人對自己隱瞞了真實的感受，甚至對於只是因為氣質而讚美我的人，我心裡也會出現一個莫名矛盾的念頭：「為什麼我總感覺自己並不是一個乾淨無染的人？我只是在假裝什麼事都沒有發生過，難道你們都沒能看出來嗎？」

我致力於把自己的時間填滿，使腦袋沒有多餘的空間可以思考令我難受的事情。人們以為我是因為過去金錢匱乏的經驗，害怕再度陷入貧窮而致力於賺錢、存錢，然而，為娼的日子裡，儘管為了清償債務的理由而工作，我仍然被允許擁有自己的積蓄，因此在我的內心，並不真正總是為了金錢的匱乏感而工作，更多時候是為了壓住自己對經驗的焦慮而忙碌，我積極地尋求在工作角色中的自我價值，卻又總是懷疑他人的讚美別有意圖。

被黑道大哥以及他所安排的獵人們捕獲之初，我內心的處女情結仍然旺盛，總想著如果未來真的有機會進入婚姻，愛上我的男人發現了我被人用過無數次的真相以後，將會如何看待我這個人？如果未來職場上的朋友知道了我曾為娼妓之身，會不會覺得我是一個骯髒、可能染病而不能靠近的女人呢？

每當我思考著沒有希望的未來時，多麼希望就在此時此刻，忽然發生一場天災，把我眼前的一切以及傷害我的人都公平地帶入死亡之境，永遠消失在這個世界中。可笑的是，為娼的日子裡，曾經歷二〇〇三年SARS風暴，我似乎有意地不盡全力做好防護，希望自己就這麼染病死亡，卻也沒能如願。

很小的時候，曾有人因為我多病的體質認為我活不過二十歲，也因此當我經歷了初夜之後，有如皮膚被撕裂般的疼痛，使得我持續不斷地懷疑那活不過二十歲的預言，是否意謂著我將有一天死於這場玩命的冒險之中？但由於我對這樣的人生際遇感到痛苦，卻又沒有勇氣逃離，儘管有時候我也對這個死亡預言感到害怕不安，卻又似乎很希望它會真的發生。怎麼說呢？

當獵人們以別有意圖的讚美，提醒著我是為服務男人之生理需求而生的女人時，我心中偶爾萌生的尋死意念便更加清晰。但，這並不是基於我對人世間的一切感到絕望，而是我常常以為，除了我以外的其他人都活得很好，只要我能夠變成他們之中的一個，就沒事了。我想要重新投胎，把帶著符號的一切砍掉重練。

然而，當我跨越了這段特別艱難的生命歷程之後，再度回憶起活不過二十歲的預言時，發現預期的死亡之年，竟是我重生的起點。之後的日子，我盡可能地對於這重生的起點抱持感恩的心，以支持自己好好活下去，儘管曾經很長一段時間，真實地去感受快樂對我而言並不容易，但我也逐漸明白，獲得重生的機會，是要我持續不斷地學習接納自己，並致力於信任這個世界，進而體驗與人們建立友誼關係的快樂。

曾有一位被我命名為「毛毛獵人」的男人，與我有過七次性交易。他曾跟我說他喜歡經常與不同的女人上床的新鮮感，但只有我讓他想要一而再、再而三地買來玩玩，與其他獵人的理由一樣，都喜歡我驚恐掙扎的模樣。他曾經以手機簡訊傳來一段曖昧而矯情的文字，描述他喜歡玩弄我的原因，這段話我曾抄錄在筆記本中，又忘了何時已將它鍵入電腦，並存放於藏得很深的檔案夾中。什麼樣的一段文字，會讓我對它又愛又恨，還無意間保存了它呢？

我見過上百位女人身體的模樣，儘管她們每一個人在床上的技巧和配合度都比妳好得多，但我就是無法找到一個能夠讓我百玩不厭的女人。我總想著妳媽媽生妳下來就是用來賣的，所以妳有著潔白無瑕的皮膚、小而挺的雙峰和迷你的乳暈，以及永遠也不會鬆弛的陰道。看妳淚眼汪汪的大眼睛、碰妳一下就驚嚇過度的反應，每一次跟妳玩都好像是第一次認識妳，妳的害怕不知道讓多少男人享受了戰勝女人的快感。

他肯定是一位文學素養不錯的男人，能夠用還算有質感的文字描述他對於我身體樣貌及情緒反應的嚮往，給予了我探索自己身體樣貌優勢的靈感，接納自己無法歡愉地享受性愛的狀態，像是鼓勵我以正常的心態面對娼妓身分的事實，也許將來還能夠在這個工作場域呼風喚雨，擁有豐厚的金錢資產。

與他床戰過程中，他不時以讚美之詞洗腦我把職業娼妓視為生涯規劃的一部分，就像同住在那棟大樓的其他女人一樣，大大方方地在人前述說著她們的工作內涵和服務對象而面不改色，甚至互相比較自己服務的男人之社經地位或顏值、身材等，把服務對象的「身價」視為自己的資產，就像一些全職家庭主婦，把丈夫的職業地位和孩子的學習成就，視為自己存在的價值那樣樂在其中。但或許我厭惡藉由成為另一個人的附屬品來尋找自我價值，而難以由衷地接受這樣的期許，我常常是在疼痛的掙扎中完成任務，竟然有人會因為滿意我的身體樣貌和不討好獵人的情緒反應，而認定我生來就是用來賣的。真的是如此嗎？

我甚至想過如果完成了清償任務後，若是無法像一般人那樣找到一份正常的工作以及擁有幸福的婚姻，是不是乾脆就這樣賣一輩子？與其對這樣的宿命抵死不從，倒不如就接受自己「生來就是用來賣的」這個命運，似乎也是另一種使自己好好地活在當下的情緒出口。但想是這麼想，曾被師長期待成材並有著好學生形象包袱的我，放得下嗎？

我無時無刻想念著寧願辛苦也要保持純潔無染的那個自己，想念那個曾經沒有黑暗的交易經驗之包袱的自己，不用在人前戴著面具生存。未來脫離娼妓的工作生活圈之後，究竟還要用多少個謊言來包裝自己，才能假裝什麼事情都沒有發生過呢？

我並不討厭獵人們對我身體樣貌的讚美，甚至有時候還有點兒得意，且當他們能夠完全接納我在床上配合度並不高的事實時，通常也會以更加溫柔的方式對待我的身體，但別有意圖的讚美卻是如此的刺耳。頭腦騙不過身體，如果那時候的我真的能夠悅納娼妓身分的命運，也許就不會在每一次的床戰中都因無來由的抗拒而感受到強烈的疼痛。對於「陰道痙攣症」疼痛的記憶，我寫下故事的當下是如此理解的。

當獵人們試圖以播放旅館房間中的A片頻道引導、明示我如何做出他們喜歡的性行為時，我也盡可能模仿出影片上的女人們所能做到的模樣，但我仍然無法假裝自己能夠愉悅地享受性愛或喜歡上眼前的獵人們。多數的獵人也只會跟我有一次或兩次性交易，少數的獵人會因為我的抵抗而更加享受與我床戰的感覺；對於留不住的獵人們，我有時候感到沮喪，但沮喪的背後又有著「證明自己生來並不是用來賣的」那種慶幸感，反而當少數獵人一而再地找我床戰並給予讚美時，我當下雖然感到開心，卻在開心的背後有著「我真的生來就是用來賣的嗎？」

這樣的焦慮。到底我想要怎麼樣？我自己也總是百思不得其解。

「總是刺耳的讚美」貫穿了我的娼妓生涯和後來重新適應陽光社會的日子，無論是身為娼妓，或是一個能夠以正當的職業角色立足於社會上的人，在未經自我整理過的那段日子，我都難以接納自己真實的樣貌。

「假裝」就像是一個緊緊繫在我頭上的金箍圈，曾經，我假裝自己可以悅納為娼的職業角色，假裝自己可以享受性愛；不再是娼妓之後，又要假裝自己什麼事情都沒有發生過。曾幾何時，只是想要成為真實的自己變得那麼困難？讚美對我的意義，在娼妓生涯中意謂著我「生來就是用來賣的」之價值；而重生之後的日子，原本讚美對我而言應該不再有任何歧視或壓迫的意圖，卻也總是在對自我形象與價值的質疑下變了色調，矛盾的感受帶給我對於快樂的不真實感，聽著格外刺耳。

第十三回

未婚夫變成了恐怖情人

離開集團後不久，我從專科學校畢業，並以插班大學為由，像是要與娼妓生涯的自己劃清界線似地逃往離家很遠的山邊大學就讀，也斷絕了與集團內任何無論對我好或不好的人們之聯繫方式。

抱持著洗滌自己已汙染甚深的身體和靈魂之意志，我企圖在象徵遠離塵染的純樸校園中尋找被遺失的、潔身自愛又積極上進的自己。這個計畫起初看起來似乎是成功的，我有了新的人際關係後，漸漸選擇性遺忘了少女時期的自己。雖然最後我並沒有在山邊大學完成學業，卻在隔一年再度誤打誤撞進入田邊大學，幾經波折，終究還是取得文憑，也算是完成了對病逝前的黑道大哥之承諾。此後的生涯發展，儘管仍充滿挑戰，但也許總是跌得不夠深，而沒有勇氣和足夠的意志，好好地統整當下與過去的自己。

命運像是迫使著我把被遺忘的少女經驗接納成為當下自己的一部分，在我大學畢業後第一個全職工作，有如惡夢一場般地與心機獵人共事了半年多，最後以幾近殘忍粗暴的方式，被提醒了曾經淪為娼妓的自己是真實存在的一個生命經驗，基於想要甩開那個齷齪骯髒的自己，我以一場重病的樣態，使當下的自己隔離於少女經驗之外，清醒之後若無其事地繼續進行日常工作和想要追求的學業成就。

我在寫下這個故事的當下，似乎仍可以感受到成年早期的自己，儘管已經脫離了娼妓生涯，但內在對於面對黑暗經驗的焦慮不安，甚至超過了為娼的日子裡對未知任務之安排的恐懼程度。是這樣的恐懼在引領著我多年後再度遇見太子狼，而展開被恐怖情人要求履行婚約的際遇嗎？我似乎仍深信自己的宿命或許就是以這樣的方式在運作，只是我並不總是能夠在事情發生的當下就理出頭緒，習慣性地逃避自己必須面對的課題。

在與心機獵人共事而第一次被人提起自己的黑暗經驗後，又過了四年多，在我二十八歲那年，已是一個研究所學生時，暑假期間某一天去上班的路上，走進一間鄉道旁的超商而巧遇太子狼。

「小喵，好久不見！妳住在這附近嗎？」當他以我熟悉的聲音及語氣叫住我時，儘管當時天氣炎熱，我仍不禁打了一個寒顫，腦海中閃過了曾經無數次在太子狼面前，自己被迫穿著清涼服裝引誘他發洩性慾，以及無論想不想要，都會乖乖地把雙腿張開，忍受著被他插入的不安，強顏歡笑卻汗水淋漓的樣貌。我有意無意地把領口的鈕釦扣上，腰帶繫緊，把隨身攜帶的薄外套緊抱在胸前，似乎明白將要發生什麼事情。

看太子狼一面跟我當下生活圈的熟人談論一些事情，一面盯著我的行蹤，雖然有些疑惑為什麼太子狼會跟我當時生活中的熟人有所連結，但沒有太多時間允許我偷聽他們的談話了。我迅速而隨意地買了一個東西想要默默離開，但仍然慢了一步。

太子狼追了出來，要我留步。「妳應該記得自己是個有婚約的人吧？當年妳在我爸媽、大姐面前說過什麼話，妳一點都不記得了嗎？」

「我知道。」

「知道？那妳現在還要去哪裡？為什麼要躲我？」

「我要去上班，可以讓個路嗎？同事在外面的車子裡等我，在這裡待久了，她車裡的冷氣可是很耗電的。」

「沒關係，妳請她先走，看妳要去哪裡，我載妳一程！」說完便把我拉進他的車裡，說要載我去代課的學校，然後在校門外等著我下課，再來好好「聊聊」。

未遇已久再碰面的我們，再次共處於一輛汽車的狹隘空間裡，我對於身形完全走樣、頭髮微長的太子狼感到有些生疏。我盯著車窗外面移動的風景，不主動說話，太子狼也不打算在我要去上班的路上問我太多離開集團之後的事情，只是偶爾在停紅燈的片刻，將手伸進我的上衣裡，感覺我身體的溫度。當他的手就快要碰到我的胸部之前，我抓住了他的手，制止他繼續這個動作。看著我白眼翻到背後般不耐煩的表情，他竊笑著說：「我都還沒有生妳的氣，妳憑什麼先生我的氣？」

那一天僅僅三個小時的工作中，我的思緒陷入掙扎，屢屢出錯，一面工作一面想著等一下要從校園的哪個方向脫逃，一面又想著已經被他知道自己兼職工作的地方，就算今天脫逃了，明天仍會被找上門。當時的我腦袋裡像有一個死胡同，想不出應對之策。即便真的被他怎麼樣了，理應可以尋求司法程序的保護，但也許因為心裡懷著曾經與他交往三年又背棄婚約的愧疚感，再度遇到太子狼的當下，仍天真地以為自己有辦法圓滿地結束這段未完成的關係，也以為憑著自己單打獨鬥就能夠讓意圖復仇的他明白我真正的心思。

我腦袋空空地選擇了下班後走向太子狼跟我約定見面的地方，主動上了他的車，允許自己與他面對面「談判」如何彌補未履行的婚約。儘管太子狼當時已經有了妻小，仍然誇下海口說想要結束自己當前的婚姻，與我重新開始他所想要的人生。

我雖然曾經與他有一段頻繁親密接觸的日子，但事隔多年，我覺得自己已不屬於那個圈子的人，不應該再與那個圈子的人有所往來，而堅決不同意他的請求。

一路上我憤怒地說：「你可以違背倫理，結束當前婚姻的不快樂，為什麼我不能不擇手段，斷絕娼妓生涯的罪惡感呢？」

太子狼看著我對他如此薄情且拒絕的心意已決，突然暴怒地說：「但我現在必須忍受不快樂的婚姻，妳也有一份責任！我要妳補償我！」

我又帶著敵意以輕蔑的語氣再度反駁他說：「不快樂，那你再買一個就好了啊，在你地盤裡，那麼多比我還要青春可人的女孩們嚮往著你背後的金山銀山，為什麼非我不可？」原本要開車載我回去住處的太子狼，卻忽然把車轉了一個彎，開進了一間汽車旅館，我驚覺事情不妙，卻逃脫不及。

「下車吧，我真的很懷念妳是屬於我的那段日子。」太子狼把我從車上拉下來，鎖住了車庫的鐵門。我極力表示我已不再是娼妓之身，不能要求我與已婚男人發生性行為，但太子狼再度暴怒，甩了我一巴掌說：「我之所以會被迫與年長我九歲的女人結婚，還不是因為妳背棄了我們的婚約，難道妳一點都不眷戀我們在一起三年的日子嗎？別忘了我手上還有妳拍攝虐戀那支影片的原始照片，要是膽敢惹我生氣，我是可以讓妳一夕之間身敗名裂的！」

聽到太子狼仍留存了我曾經拍攝最羞愧樣貌的原始照片和影片之後，我忽然嚇得腿軟，跟他嘔氣反駁的那股氣勢，瞬間消散得無影無蹤，竟在車庫裡跪下來請求他原諒我背棄婚約是為了重新做人，隱藏自己曾經為娼的身分，心安理得地履行與黑道大哥的承諾，完成大學學業，卻怎麼樣說也得不到他的諒解，就像是做錯事的小孩懇求著大人的原諒那般卑微。

他先是粗暴地把我拖進房間裡，又態度轉回溫和地告訴我應該心平氣和坐下來好好談判，使我誤以為我仍有選擇的餘地。然而他的獸慾來得又快又急，甫進入房間不久，太子狼就開始對我上下其手，無論我如何掙扎拉扯，他始終把我視為那個還是娼妓的少女，大笑說：「以前可以的，為什麼現在不能這樣撫摸妳？能再對我說一次妳愛我嗎？」

聽到這句話，我怔住了，最先浮現在我心中的念頭竟是：「天啊！我怎麼可能愛過這個人？」即使已經被壓在床上，聞到了曾經熟悉但並不抗拒的氣味，我仍無法違心地說出我愛他。

他熟練地翻開我的上衣、內衣，扯下被我刻意拉緊褲帶的長褲、內褲，像是很久沒吃飯的飢民般，瘋狂地吸咬住我的乳頭，用力地抽插我還沒有準備好要被侵入的陰道。我嚇到了，那跟我記憶中的他，相較於其他獵人而言，會溫柔地對待我的身體的樣貌大相逕庭，他是什麼時候變成這個樣子的？我對婚約的背叛竟然帶給他如此大的憤怒，還一直天真的以為，我與他的關係，是在他的地盤裡任一比我青春可人的少女就能取代。

在突如其來的劇痛中，我仍竭盡全力以哽咽的聲音緩慢地說：「如果你真的愛過我，就允許我重新做人吧！我真的不想要再與過去的經驗有所糾纏，假使我同意了你的要求，結了婚，未來我要如何跟現在的朋友說我在哪裡認識了你呢？你有想過我的顧慮嗎？」他停止了動作，想聽清楚我的聲音，我也用僅存的一點兒力氣，迅速地移動了自己的身體，將背部靠在床頭板上，雙手緊抱著雙腿，企圖阻擋他的再度侵犯，才發現自己已對太子狼表達了真實的感受。

然而，這段話明顯對太子狼的職業身分，也就是夜店經營者，有著貶低的意圖，他暴怒了。

「說一句妳愛我會怎麼樣？」

「說一句妳愛我會怎麼樣？」

「說一句妳愛我會怎麼樣？」

「老大珍惜妳的才華，免除妳的清償責任，讓妳無所顧慮的去念了大學，妳卻反過來瞧不起我是嗎？妳憑什麼？」

我忽然愣了，「妳憑什麼？」這句話好熟悉啊，在我離開集團後再度遇到的心機獵人，也說過同樣的話，似乎在在提醒著我，他們看得很清楚，我對於那些玩弄過我身體的獵人們事實上抱持著輕蔑的想法，儘管我的身體努力地服從他們的需求，但我心裡仍認定自己和他們是兩個世界的人；我的痛苦來自於內在價值觀的分歧，允許自己在那麼長的一段時間裡關閉自己的感受，卻又在違心的同時，仍放不下自己原本應該有的樣子。

太子狼認定了我是瞧不起他的職業身分而背叛了婚約，但他可能無法理解的是，我瞧不起的是曾經為娼的那個自己，更不希望自己婚姻的對象，與那個工作圈子裡的人有一丁點兒的連結，再多的財富也無法動搖我的堅持。

「允許我重新做人」，意謂著在為娼的職業角色下，我感覺自己像個奴隸。性的奴隸就是娼妓的本質，無法靠自己力量生存的人，只能依附著狩獵者的需求而獲得存在的價值，擁有人身卻無法活得像個人，要嘛重新投胎，要嘛劃清界線。媒介娼妓的人們，是利用性的奴隸來滿足自己客戶的需求並取得財富，卑鄙、無恥、下流。

當我說出自己的顧慮之時，不僅僅是在貶低太子狼獲得財富的途徑，也是在貶低曾經為娼的自己，有著必須與過去的自己清楚切割的意圖。

太子狼突然用力把我的雙手拉開，緊緊抱住我說：「不能結婚可以，起碼妳要答應成為我的性伴侶，妳知道我多麼喜歡妳無論歷盡多少風霜都有如少女般可愛的ㄋㄟㄋㄟ，心疼妳曾經皮開肉綻的屁股？就讓我繼續名正言順地疼惜妳的身體吧！」

語畢，太子狼扯下了我的衣褲，不顧我的反抗，開始發洩他的獸慾，接著把我的衣褲塞進我拿不到的皮箱裡，奪走我的手機並監控著能夠聯繫櫃台的電話，不讓我靠近任何可以求救的管道，企圖說服我同意成為他的性伴侶。

從下午到深夜，我被反鎖在那我曾經熟悉，但被單的味道總是令人厭惡的旅館房間裡，一次又一次地任憑太子狼玩弄自己的身體，面容被糟蹋得狼狽不堪，卻找不出可以掙脫現場的方式。

「這就是你愛我的方式嗎？你如果要懲罰我的背叛，就直接說了，就像拍攝虐戀那時候遇到的他們，把我打死，我就真的無所顧慮了，不要這樣一點一點的折磨我，我好痛苦。」承受不了自己的名譽受到威脅，我哭著，言不由衷地請求他以更加殘忍的手段讓我消失。

重生那麼多年，以為自己已經真正重新做人，卻又被太子狼以對待性奴的方式羞辱，我感覺就像是做了一場惡夢般，似真幻假。

半夜十二點多，太子狼意猶未盡，把裹著浴巾在被窩裡顫抖，已經筋疲力盡卻仍努力保持清醒、堅持不想在旅館過夜的我送回住處，並與我約定下一次見面的時間。

我回到住處後，睡意全消，瘋狂地洗了三次澡，哭到眼睛腫得無法完全睜開。承受不了只能從被迫成為太子狼的性伴侶和身敗名裂這兩個選項中擇一的壓力，輾轉難眠，直至隔天早上七點多，才鼓起勇氣拿起手機去電派出所，詢問自己所遇到的情況能否對太子狼提出性侵害的告訴。

派出所的員警接到電話，對於我這種詢問方式感到驚訝，問我說人在哪裡？有辦法自己來到派出所嗎？我以異常冷漠的口氣回應說可以。儘管已承受不住受到威脅的恐懼想將一切公諸於世，但心裡卻害怕得像還沒有完全準備好要讓事情浮出水面。

一路上隱忍著隨時都要噴出的眼淚，到了派出所便崩潰大哭，這一哭就是一整天，把曾經淪為娼妓與前一天所發生的事情之連結，一點一點地拼湊了出來，一再焦慮地詢問警察這樣算不算是性侵害？會不會被認定只是男女朋友大吵一架而提出告訴？警察試圖安撫我說這是無謂的擔憂，太子狼能否被定罪雖然不是他們能夠決定，但如果能夠證明事實如我所述，應該罪責不輕。

一位女警走進來，其他警察招呼她與我做筆錄，並錄影存證，告訴我錄影的畫面會提供檢察官作為判斷事實的依據，一再確認我的情緒狀態是否能夠完整說明事情的來龍去脈，我一面哭一面以抽噎的聲音回答說會盡最大能力配合。筆錄進行中，我注意到女警默默地流下眼淚，明白自己所控訴的事實，在某種程度上已被認定為太子狼有罪的證據。

做完筆錄後，我被另一位警察帶去醫院驗傷。雖然我已多次與人發生性行為，但依然極度害怕婦科內診方式的驗傷程序，一坐上診療椅就開始顫抖，醫師還開玩笑說：「不知道是妳先嚇死我，還是我先嚇死妳，拜託妳不要亂動，很危險！深呼吸，會有一點點不舒服，一下子就好了！」在他小心翼翼地準備把器具伸入我的陰道前，發覺我似乎緊張過度，怕我受傷，又先將器具拿了出來，無奈地請求兩名護理人員先行安撫我的情緒。

我無法控制自己身體緊張的反應，使得驗傷程序變得困難。看著自己下身一絲不掛，雙腿張開還躺在診療椅上那麼久的模樣，我感到越來越難堪，告訴護理人員無論多痛我都會忍住，請求醫師速戰速決。

護理人員依照醫師的指示，壓住我一直顫抖想動的身體，才安全地完成了驗傷程序。結束後，我又委屈地哭了起來，護理人員輕拍我的背，等我哭完，能夠順暢表達之時，才繼續詢問事情發生的細節和情境。

太子狼接獲自己被提出告訴的通知，怒火難抑，不斷打電話要求我撤回告訴，否則必定會將不雅照片公諸於世，把我逼到身敗名裂。但此時的我對於拒絕成為他的性伴侶的心意已決，無論有多少次興起了看在過去的情分上而原諒太子狼的想法，身邊的守護靈一直提醒我要堅持住司法程序的考驗。

我跟隨著這個未知源頭的指示，一股莫名堅持的力量，推動著我不斷地蒐集如何積極爭取權利的資訊。這是我生命中第一次，明明白白把事情攤在陽光下接受公評，似乎不如想像中的可怕。我所提出的告訴，在事情發生後的三個月，太子狼被起訴了，我感覺自己距離成功越來越近。

此外，在整個訴訟過程中，我遇到一位非常善良且盡心盡力的女檢察官，雖然訊問口氣犀利，但話語中卻又充滿人性，總在我陷入對法律人如何看待自己的際遇有所防備時，或者暗示，或者明示地讓我能夠明白如何陳述有利於自己立場的證言，主動提示我在警詢過程中曾自述事情發生的脈絡，以確認我是真的記不得了，還是刻意迴避。

太子狼曾說：「妳不怕沒有把我告成，還讓自己所拍攝的影片外流後，被以妨害風化的罪名起訴嗎？」當時不諳法律的我，對於自己若有不慎，將會反過來成為被告的這個說法信以為真。明明是被害人，卻像是即將被定罪的刑事被告般，以吞吞吐吐的聲音陳述事實，總擔心著自己會因過去不合法的性交易經驗而敗訴。

女檢察官透過細微的觀察力，似乎也能明瞭我的顧慮，告知我即使曾自願與其他男人發生性行為，也不代表與太子狼這個被告所發生的性行為就是自願的，此類事件的違法性，在於「自願」和「非自願」的一線之隔，不會因為我任何時候的職業身分而有差別待遇。

我在配合偵查的過程中，漸漸能夠明白太子狼對我的脅迫如同謬論，於法無據，理應可以安心陳述事實。案件從偵查到審判的過程，女檢察官的態度一直都是積極主動的，當我陷入情緒而無法清楚陳述事實時，女檢察官便會先行與在審判程序中為證人的我，以是非題或選擇題的問答方式，確認我想要表達的事實與她所掌握的證據無誤後，再度向審判長釐清整個事件的來龍去脈，使我能夠安心相信自己不會因為曾為娼妓的經驗，而被認為與太子狼發生的關係只是交易糾紛。

自從遇到了那位女檢察官之後，我開始崇拜法律人縝密而理性的思考邏輯與表達方式，從而開始研讀法律領域的書籍並以進入法律服務的工作領域為志，總希望自己有一天可以因此變得像那位女檢察官一樣聰明，能夠以司法程序幫助人們明白自己應有的權利，可以說，那位女檢察官是我對於自己的受害經驗從「無知」變得「明白」的貴人。

由於女檢察官司法助人的熱忱，啟發了我第二個生涯興趣，自此之後我的生涯定向也越來越明確，將我的文字天賦在為人撰狀的過程中發揮得淋漓盡致，也開始嚮往司法工作，嘗試透過繼續接受教育與考試的方式成為司法人員。雖然至今還沒有真正完成夢想，但我打從心底，對於遇到這樣一位不但為自己伸張正義，又適時地導正被害人錯誤觀念的女檢察官感到慶幸。

時隔將近一年，當案件被認定的事實已臻明確，且太子狼即將遭判三年以上有期徒刑時，我又冤家路窄地在上班的路上巧遇他家開計程車的叔叔，才發現自己的手機遭到定位，儘管出事之後已經搬家，仍一直被跟蹤。

這一次，太子狼的叔叔把我拉上了計程車，鎖上車門後打電話通知太子狼說已成功捕獲獵物，請他過來現場與我談判和解。說是談判和解，卻是再次以恐嚇的方式強迫我放棄自己的權利。三人坐在車子裡，談判進入僵局時，太子狼忽然忍無可忍地說：「想讓我被關，我也不會讓妳有好日子過！」於是再一次粗暴地拔光我的衣褲，準備洩慾。在空間狹窄的車廂裡，我努力地用腳踢開他準備撲上來的身體，但未經訓練的防身技巧顯得特別笨拙，不一會兒工夫我的身體就完全被壓制住了。

「在我們交往過的三年，我給妳的還不夠多嗎？到底要怎麼樣做，妳才能撤回告訴？妳說呀！妳到底是有多缺錢，一定要這樣子逼迫我？」我說自己要的只是一個重新做人、追求夢想的機會，不想因為過去經驗的束縛，而被他綁架為性伴侶，這跟把我再一次推回娼妓的罪惡深淵，本質上並沒有不同。

太子狼說他沒有要求我履行婚約，只退而求其次地要求我成為他的性伴侶，已經算是有所妥協了，認為我背叛了婚約，還不願意以身體償還感情債務，未免過分。

見我極力以併攏的膝蓋將他準備撲上來的身體擋住，太子狼忽然拿出類似麻醉手術病患的物品，像是早已有準備似的，熟練地按住我的鼻子，我便逐漸失去反抗的力氣了。在藥劑尚未完全發揮效用的幾分鐘裡，我還能清楚的看見他洩忿似地以老二抽插我的下體。不知道過了多久，我便逐漸失去意識沉沉睡去。醒過來時，發現自己竟然躺在醫院的床上，衣服上似乎沾有泥巴，旁邊還坐了一位不認識的人，就管她叫路人甲吧。

想不起來自己在昏睡之前發生了什麼事情，路人甲告訴我說，她在前一天午後路經一個隱密的防火巷時，發現衣衫不整的我倒臥在那裡，就叫救護車把我送來這裡了。我的思緒陷入混亂，不知道自己是在做夢還是真的醒過來了，腦海中對於她所描述的事情竟然一點記憶也沒有。

清醒之後幾分鐘，竟出現一位熟悉面孔的警察，他是我當時一位熟識朋友的先生，跟我說幸好是被他接獲了這起報案，曾聽聞我這一段時間所發生的訴訟事件，大約可以推論出我在昏迷之前發生了什麼事。是朋友也是警察的人，承諾必定全程保密，不會讓媒體有機會介入，要我安心說出昏迷之前所記得的事實。

在醫院裡就地做完筆錄後，再一次進入驗傷程序。這一次與太子狼的再遇，也許是因為在粗暴的情況下完成性行為，以致清醒過來的我仍感覺下腹疼痛不堪，流出不是月經的血，驗傷的過程有如被索命般痛苦，哭到診間外面都有人聽見我的聲音，笑說裡面是有人在生小孩嗎？

那聽見我哭聲、在診間外面等候的人，她的那句話一語成讖，我怎麼也沒有想到自己竟然會因為在醫院等待清醒的時間過長，甚至醒過來的第一時間也沒有想起來這件重要的事情，錯過在最好的時間內吃下事後藥而不幸受孕。

事情發生過後一個半月，發現月事沒有來，有了不祥預感，去診所驗孕後，明白最可怕的事情真的發生了，腦袋空空地在診所的椅子上發呆一個小時，沒有勇氣直接跟醫生說自己未婚受孕之事實的來龍去脈，更確切地說，是擔心去大醫院做人工流產的手術，會增加整個事件被家人知悉的風險。

我又想起曾經在童年時候看見全身流血的喵弟，竟有一種不想中止懷孕的天真想法，腦海中反覆地想著如果把小孩生出來會怎麼樣？選擇拿掉胎兒的話又會怎麼樣？不斷掙扎到底該如何面對已經受孕的事實，甚至嘗試做激烈運動，期盼可以發生自然流產的奇蹟。

直到事情發生了將近三個月，我才認真地去醫院與醫師討論是否進行人工流產，卻被告知時間拖得太久，且看起來胎兒吸收營養的速度異常的快，有點兒成形了，建議進行引產手術比較安全。

「引產跟其他的流產方式有什麼不同？會痛嗎？」

「引產就像一般自然產的過程一樣，會以擴張子宮頸的方式促使胎兒排出體外。一定會疼痛的，而需要花費多少時間、用藥幾次才能完成引產，要看妳的身體對藥物的反應而定。」

我聽著醫師冷靜沉著的回應，想哭卻哭不出來，感覺這一切情境似乎只會發生在夢境之中。被安排手術的時間後，我對於必須引產的恐懼，才開始有了現實感。

原本就已經極度害怕婦科內診的我，在尋找有關引產手術的過程資訊後，知道將會經歷一連串內診和塞藥的過程，等待手術日子來臨前的每一天，幾乎都會崩潰大哭一次，服用三倍量的抗焦慮藥物才能勉強維持正常生活。我從來沒有想過，一直不把進入婚姻視為人生規劃一部分的自己，竟然也有進產房的一天。

這個引產手術應該是我有生以來最痛苦的一次手術經驗，因為幾乎大部分時間是在清醒的情況下體驗整個催生的過程。也許因為我有著藥罐子體質，對引發子宮收縮的藥物反應不佳，僅僅是一次又一次的塞藥至子宮頸的位置就至少十五次以上，每一次塞藥的過程，疼痛的程度都使得我像是溺水般無法呼吸，無論藥劑量如何增加，身體就是沒有反應，最後被迫以最為激烈的物理方式（置入海藻棒）撐開子宮頸。儘管聲嘶力竭地哭叫出來，也確認自己應該還活著，但每一次的劇烈疼痛，都讓我懷疑自己似乎即將要死在產房。

想著還沒有真正得到結果的司法程序；想著如果就這麼死去了，那些被自己隱瞞的少女經驗，會不會以對自己最不利的方式浮出水面；想著如果撐不過這個手術，將沒有機會親眼看見判決結果；想著如果含恨而死，會不會因為帶著無法圓滿完成的課題，再度投生至被迫為娼的女人之身……。各種莫名其妙又荒謬的擔憂，我的頭腦像是被無形的繩索綑綁般地那樣煎熬，只不過那種不甘願就這麼死去的意志力，卻也推動著我咬緊牙根忍受每一次被器具伸入體內的劇烈疼痛。

每一次的診療，我身邊都會有至少兩位護理人員壓住我的身體，避免因為我亂動而受傷。在那個被壓住的當下，我的腦海中一再浮出自己十七歲時拍攝虐戀場景，被五花大綁的模樣，對於總是無力掙脫痛苦、如此懦弱的自己，感到悲痛欲絕，有一種因為不敢丟下包袱，不敢揭發犯罪，尋求不對的人作為自己的保護傘，致欠下了無力償還的感情債務、背棄婚約而活該承受如此痛苦之錯覺。

不知道哭溼了多少被單，在入院的第四天晚上終於順利產出胎兒，產出後並再度經歷了被以器具清理子宮頸的疼痛過程，於凌晨時分仍然無法抑制自己哭叫出來的衝動。

我把曾經在自己體內活過的小生命命名為「小蘋果」，按照曾經送走喵弟的儀式，以念誦四十九次《地藏王菩薩本願經》的方式送走了「小蘋果」。手術復原的時間相當漫長，我因為先天體質不佳、易受感染而一再發生子宮內膜炎，歷經一次又一次的出血，一次又一次的診療，一次又一次壓下內心的恐懼配合司法程序，含淚在法庭上為自己主張應有的權利，直到看見太子狼被判了重刑而必須入獄的判決書後，才感覺自己淪為娼妓的少女經驗，以及在成年早期屢屢被夢境和幻覺嚇醒的恐懼，真正有了結束的一天。

後記

走在敘說故事與尋求意義的路上

第一部分：當書寫由無意識轉變為有意識時

如同自序與故事本文所述，我對於整個故事中事件的記憶多來自於接受創傷經驗回溯的催眠情境中，或練習冥想時的再次「看見」。在我甫脫離娼妓之身時，急於切割過去，將「無視經驗」視為「重新做人」的手段，然而，對過去經驗的記憶，卻像是冤家路窄地先是以幻覺干擾我學習的樣態，在我開始書寫當下後，意外轉變為只能出現在夢境中。儘管這些畫面仍三不五時會把我從睡夢中嚇醒，但當時的我卻以為只要這些幻覺不要再出現於現實生活中的重要時刻，就距離擺脫過去更進了一步。正當我還有點兒沾沾自喜時，幻覺和夢境中的人們，以更殘酷的方式「直接」出現在我身邊，並以實際的行動提醒我多年來對於擺脫過去所做的努力都是枉然。

在我離開娼妓工作之後至再遇太子狼的那八年多，我因著「書寫當下」而日益嚴重的選擇性遺忘，使得我幾乎無法清晰地想起這一段創傷經驗的真相，但我卻不曾忘記自己在十九歲時才「再度」有了月經，以及發生於十五歲在初夜時接觸毒品的經驗，和十七歲被性虐待的記憶畫面。

我曾試圖想要探索這些經常浮現於腦海中且會使我感到悲傷的事件，在初接觸身心靈探索療癒時，就想要為自己寫下一些更接近真實的東西，但我想不起來真相究竟為何。十年前，我在研究所甄試的過程中被發現有寫作的天賦時，曾被進行敘事研究的教授邀稿寫下以疾病經驗為主軸的敘事文本。我確實寫出來了，創作過程極其順利，因為沒有碰觸到我內在最深沉的傷痛經驗。然而，看著參與作品評析的學者對我的文本表達高度肯定時，心中那種不太真實的快樂再度困擾著我，但發生於個人生命中的各種經驗，除了當事人，誰能真正明白事件的真相呢？

面對真相究竟需要多大的勇氣呢？身為事件的主角，以當事人的視角寫下經驗之時，也可能因為某些因素，總希望記憶中的故事是依循著她所希望的樣貌而發生，畢竟對於會引發情緒的個人經驗乃至於對特定社會事件的觀感，人們喜歡自己心目中的那個故事版本，勝過於對真相的探索，受困於選擇性遺忘時的我是如此，很多時候所謂的「正常人」亦是如此，如同世人在看待社會矚目的犯罪事件時，媒體基於商業利益，總是忙於為當事人和社會大眾以其文化價值觀所期待的故事版本發聲、帶風向，因為真相常常是令人難以接受且過於沉悶的，若沒有足夠理性客觀的思維為其前提，「旁觀者清，當局者迷」的說法，也將導向一個似是而非的結果。

什麼樣的人需要明白真相？司法工作者基於職責以及對當事人權益的交代必須調查真相，並做出結論，那麼事件的當事人又為什麼需要明白真相呢？我在未能面對真相的幾年之間，先是成為了心機獵人的私人祕書，多次的職場性騷擾乃至於離職之前遭遇了嚴重的性虐待，使得我承受超出自己所能忍受的身心壓力而重病一場。其後又過了四年，未婚夫太子狼的出現，威脅不履行婚約便公布我曾被迫拍攝的影片和照片時，才徹底地喚醒了我在為娼期間大部分的記憶。

然而，僅僅能夠想得起來故事的真相仍是不夠的，如何對經驗釋懷，並從中尋找其之於自己的意義和價值，進而全然地接納自己，活在當下，使自己成為有創造力的人，才是我必須要好好地「書寫過去」的主要原因。然而，與司法工作者不同的是，在敘說故事的歷程中，客觀的真相為何並不是敘說者必須探究的首要任務，更重要的是，如何讓建構出來的經驗在自己的內在發生真實的情緒流動，使其轉化為療癒力量之源，換言之，故事若能使得敘說者感受到深刻的情緒經驗時，便離真相不遠矣。

我在成年早期，面對仍能夠清楚記憶發生於少女時期的三大事件，我所一直信以為真的記憶畫面，都有其詮釋的依據。首先，對於十九歲才「再度」有了月經的事件，我曾依循著自己所能記得的童年疾病經驗，而認定並深信自己是因為多病的體質致使身體發育遲緩才會發生這樣的情況，意即，我不敢想起來這個事件是在自己被迫為娼後，過度積極避孕所導致的問題；其二，如何解讀發生於十五歲在初夜時接觸毒品的經驗呢？

我在十年前的敘事文本中曾寫說是因為自己服用了大量的安眠藥輕生所致，這樣的思路也並非全無根據，因為我仍能回憶起自己在少女時期，每當感到情緒低潮時，總希望忽然發生一場天災，把所有傷害我的人們以及我自己都公平地帶入死亡之境。我確實有過這樣的想法，只是未曾執行，但對於服用毒品之後的所見所聞之記憶，我寧願相信自己是真的自殺過，而不敢看見自己是在被羞辱的情境中，為滿足黑獵人的生理慾求，從被迫到自願施用毒品。

最後，對於十七歲遭遇性虐待的記憶畫面也有其他的故事版本嗎？我曾在同一個敘事文本中寫說，那時在打工的地方遇見父母的債主而被剝光衣褲虐打、充當出氣筒，單就直觀的畫面而言，這是一個相當接近事實的描述，但我卻強調那些虐打我的人因為我身上的傷疤和發育遲緩的問題，而對我的身體樣貌不感興趣，並沒有把我「賣掉」，有意或無意地扭曲了記憶畫面中的部分樣貌，是基於沒有勇氣坦承自己事實上早已深陷賣身為娼的處境下，才在一次工作的安排中，遭遇了以拍攝虐戀影片為名、行性虐待之實的事件。

書寫本身並沒有問題，有問題的是書寫當下隱藏在我內在未經深思熟慮的動機。如同所有的行為本身並不具有意義，凡動機正當者，則導向善的結果，反之，則有可能陷入惡的循環。這樣的一個假設，對於剛開始喜歡書寫當下的我而言，是基於拒絕與過去的自己對話而寫，使當下的自己彷彿變成了另外一個人。我只是一直寫，但書寫中提及我所經驗到的正向情緒似乎並不總是真實存在，可以說我在說服自己沒事，現在一切都很好，但卻無法真正感受到快樂，以致無法從書寫的過程中更認識自己。畢竟，無法與自己的悲傷和平共處的人，難以獲得更深一層的內在成長。

寫下這個故事之前，距離最後遇見在娼妓生涯中所認識的太子狼已有七年以上，在漫長的療傷旅程中，我致力於新的學習領域，重新思考生涯志趣，但偶爾未能覺察的抑鬱，以及肢體不明原因的疼痛，使我在很長一段時間裡，以買賣金融商品的刺激來麻痺自己。

我發現一直以來儘管不太認識自己，卻從未放棄想要融入人群的嚮往，學習新的專業亦是基於想要成就自己以專業服務人群的夢想。既想要又害怕接近人群的感受，在我的內在早已被對於過去經驗強烈的自卑感所占據而不自覺，過去的我是以文字為生的人，而文字工作對當時的我而言，是保護自己免於受到人際關係焦慮的干擾。但在電腦前工作的我，總想著如何可以跟這個世界更加接近，體驗更真實的人生，然而，只要我動了想要發展新的生涯專業的念頭，就會遇上重大的阻礙而無法盡心盡力。

夜深人靜時，我也經常懷疑自己究竟想要什麼，似乎沒有成功進入人群的日子也過得很平順，但無法更進一步挑戰自我實現的境界，又是我另一個焦慮的來源。幸好，冥冥之中的安排使得我脫離娼妓之身以來，儘管生涯未定向，都還能夠自力維持一定水平的經濟生活，使我持續地有餘力自我探索。

此外，我曾試圖使自己有一個「已婚」的名義，接受想要靠近自己的異性朋友，以便未來若有機會再遇見太子狼時，能夠名正言順地拒絕他。然而，每當追求我的異性朋友試圖想要與我有進一步的關係時，儘管我也表示願意嘗試，卻總在真正發生身體上的接觸時，就會情不自禁地崩潰大哭。不像是過去很多時候因受不了疼痛而哭，而是因為我的身體敏感帶烙印了太多悲傷的記憶，使得我既想要被愛，又無法制止自己一直陷入被傷害的情緒裡，不但使得追求過我的異性朋友漸漸對於我有一種「只可遠觀而不可褻玩焉」的疑慮，也使得我開始懷疑自己究竟有沒有能力享有被期待的性愛關係，又因為深信自己難以成為一個好的伴侶，而比過去更加拒愛情與婚姻於千里之外。

有一天，我在練習冥想的情境中，意外地遇見我在娼妓生涯最後所認識的那個找回良知的黑道大哥，我有些憤恨不平地說：「你曾說只要我考上大學，讀完大學，債務就一筆勾銷，為什麼又讓我一直遇見那些傷害我的男人呢？為什麼要一直提醒我是一個齷齪骯髒的賣淫少女呢？你到底有沒有要放過我？」

他笑著說：「是妳沒有放過自己，妳讓那些人一直來找妳。我可以幫助妳的是，如果那些男人再接近妳、傷害妳，我會讓他們在睡夢中一刻不得安寧，使他們公平地體會讓妳多年來為之痛苦的感受。但如果妳想要變得更好，從再看見的這一刻起，妳必須勇敢地做自己，原諒我們也放過妳自己。」（此段對話經驗可以理解為是指導靈以我熟悉的人之形象出現並給予引導。）

確實，我緊緊抓著自己是齷齪骯髒的賣淫少女這個信念很久很久，這使我在大學畢業後很長一段時間仍抗拒回到家鄉工作生活，經過我曾就讀的專科學校時，多次發生幻視，看見校門口仍出現接送我去賣淫的車伕和車輛。我不時想到要回去那間我曾經停留時間最久的母校，看看心中仍掛念著的師長，回顧校園的美景，但是十多年來，因為校門口的景象與為娼的記憶融合在一起，使我「三過校門而不入」地逃避著自己內心真正的渴望。

如何由衷地原諒傷害自己的人？如何放過自己？我想了很久，透過過去的學習經驗，明白以同樣書寫的方式，將原本基於切割過去而書寫的心態，轉變為與悲傷和平共處的心境來完成書寫，就有可能逐漸完成任務。然而，這個想法說起來容易，我仍必須坦承自己基於與過去經驗對話之目的而書寫故事的歷程中，也再度經歷了難以忍受的身心煎熬，厭食、嘔吐、失眠。但跟過去不同的是，情緒真實地開始在內在流動了，再一次看見那個任人欺凌而狼狽不堪的自己時，原先使我不敢正視的罪惡感也變得不那麼讓我難以接受，我深信著自己距離變得完整又更進了一步。

就在本書初稿完成之際，我刻意地再經過那間離我現在住處不遠的專科學校門口，發現困擾著我的車輛與車伕之幻影不復存在，心中感到無比雀躍。我開始翻出那個求學階段的照片，主動與曾經與我合照的師長聯繫敘舊，坦然地行走於充滿年少回憶的校園裡。我明白曾經共處在這個校園裡的所有人們，沒有人知道當時的我離開學校之後真實的生活樣貌，但我已靠自己的力量逐步卸下了這份沉重，能夠看得更清楚他們的善意。校園美景如昔，但這麼多年來，我竟然只能看見校門口那輛接送我去淫窟的車輛和車伕；當為娼的記憶與校園裡的人事物不再有了連結，坐在校園一角，我心清安自在。

第二部分：透過書寫放下，讓心重獲自由

在我完成了人生前半段療傷旅程之書寫後，發現原來藏起對過去經驗的傷痛，假裝自己沒事，其實才是真的有事。我在幾個月前寫給白雲老師的信件中提及：「如果我不一直寫我沒事，我就覺得自己很有事。」然而，很有事的自己才是真實的，這個有事的自己不曾因為假裝沒事就憑空消失了，而是繼續深藏在支離破碎的靈魂中，從而把自己推向更艱難的人生道路，在經歷過悲痛後得以全然地蛻變、成長。

過去的我誤將無法原諒自己的狀態視為奮力向上、從善的動力，以致看不見那個很有事的自己。放不下對過去經驗的自卑感，又像是太子狼對於被我背叛婚約的怨恨過不去，這樣的執著把他推向了另一個罪惡的深淵，他被監禁的日子裡，似乎我的心也被關在裡面，迫使我好好地正視自己在少女時期未竟的受傷情緒。

走筆至此，我想起了三年前在《通靈少女》這部電視劇裡，由李千娜飾演的

女同志歌手，在戀人逝世之後譜出的這首歌曲〈不曾回來過〉，它的歌詞描述了一段不被祝福的愛情，也提及了對過往緣分的執著與感受，可以透過「放下」而成長並獲得心的自由，其中使我很有感受的兩段歌詞是這麼寫的：

再愛的　再疼的　終究會離開
再恨的　再傷的　終究會遺忘
不捨得　捨不得　沒有什麼非誰不可
就讓自己慢慢成長　慢慢放下
我難過　我懦弱　學不會灑脫
越想念　越失落　悲傷裡走過
很久很久以後　終於找到心的出口
現在的我勇敢放手　讓你自由
（作詞：陳鈺羲）

當我看到此歌詞時，竟有一種自己的過去一直處在「捨不得放下」的狀態，即使因而痛苦，仍從中享受存在的價值，儘管這樣的狀態使自己置身於隨時被傷害的風險之中。又，究竟放不下的狀態是在冒險，還是重新整合自己的這段過程是在冒險？事實上二者皆有。前者的冒險，我已然完全體會，越想逃避，越容易陷入，如同成年早期的自己，總在不特定的時間，被不想看見的經驗畫面所干擾，致無法如期完成想做的事情；而後者的冒險，在於我每一次努力看見並寫下的過程中，事實上都會再經歷一次悲傷、無力、憤怒的感受。

我在寫下這個故事時，雖然僅花費了約略一週的時間就完成約略四萬字的初稿，但書寫的過程一旦觸及身體的疼痛經驗，便是寫到哪裡、痛到哪裡，這應是一種受害者情緒再度被引發的風險歷程。但完成寫作之後，疼痛的感覺並沒有持續很久，再度增修內容的過程中，疼痛的程度逐漸減弱，情緒也趨於平和，因此，我知道自己在做一件對的事情。

每一次透過更接近自己的黑暗經驗，距離成為更完整的自己，那種方向感是越來越明朗的。為了成就更好的自己，我在人生前半段療傷旅程最後的冒險，應該是要與這些心傷的經驗好好地說再見，為自己存在的價值重新定位，允許自己不再為體驗痛苦而存在。期許曾經因為我的出現而有了深刻的初戀經驗，多年後又與我再遇而失去理智傷害我，並因而入獄的太子狼，在獄中能夠好好地思考，為什麼對於被背叛的感覺過不去，致放任其衝動誤觸法網。

多年前，我與太子狼彼此初識時，也曾經驗過戀愛的滋味，儘管後來證明那不是我想要的愛情，明白了因各取所需而生的感情，並不是誰的錯——我喜歡的是當初那個因為我的懦弱而成為保護傘的他，而他喜歡的是曾經笨得可愛、總把自己弄得傷痕累累的我。然而，一旦事過境遷，即便勉強在一起也不會再有最初的幸福。對於他與我曾有的那一段不被祝福的愛情，當放下的時間到了，希望他也能夠有此領悟、勇於成長。

對太子狼而言，再愛的、再疼的，終究會離開；對我而言，再恨的、再傷的，終究會遺忘，唯有放下才能讓心重獲自由。不應該說希望天下有情人終成眷屬，而是讓彼此的愛停留在生命中值得它佇留的地方。

第三部分：敘說故事所要向讀者傳遞的訊息

此部分，我基於交代將自己的生命經驗出版成書的目的，再一次反思在這個故事的書寫歷程中，意圖將自己推向何處，或將有緣觸及此書的讀者們帶入什麼樣的思考方向。

首先，我意圖透過敘說故事呈現出曾身為犯罪被害人的自己，如何透過尋找受苦經驗的意義和價值，使自己得以擁有好好活下去的力量，並致力於學習新的領域之知識，使自己逐漸有能力將生命經驗整合進入自己當下的生命之中。

常常，同樣是有受苦經驗的人，有些人選擇在自尋意義與價值的過程中，在社會中安身立命；有些人卻持續不斷地以不適應的行為乃至於精神病患的樣貌，向社會索取資源或表達抗議，這其中最大的差別在於，這些人們是活在自己當下的意識之中還是活在受苦的經驗之中。

然而，身而為人有著對自身經驗錯綜複雜的情感歷程，就微觀的角度而言，吾人可以說是受苦當事人本身即有質地上的差異，但倘將所有犯罪被害人再適應的歷程都作此詮釋，亦顯失公平，畢竟更多時候，若就較為宏觀的角度來說，接近資源的機會與能力，也是培養一個人成就其生命的關鍵因素。

我以自己的創傷經驗作為素材，再一次將自己置於水深火熱的寫作歷程之中，在鉅細靡遺地描述受苦事件情境的當下，因內在情緒真實地開始流動，以及身體對疼痛經驗的記憶，而備受身心煎熬。又眾所皆知，出版書籍並無太多的金錢利益可圖，故若單以物質上的報酬而言，並不能完全解釋每一個書寫者渴望將其作品付諸出版之意圖。

然而，正因為讓經驗被看見，無論是被自己看見還是被他人看見，本身就是有意義的，又為了讓所呈現出來的經驗為讀者帶來特定的思考方向，我必須持續不斷地反思，受苦經驗中的每一個故事如何透過意義的轉化使其成為圓滿新生命的力量。此外，就受苦經驗而言，故事敘說與小說創作最大的不同即在於前者由敘說者自己建構對自身生命經驗的意義，後者由讀者分別以其自己的經驗或觀點去建構創作者所要表達的議題。

故事敘說者對於自己的生命經驗的詮釋，是站在主動或主導的一方，而非以留給讀者太多想像空間為目的，限縮了故事所要呈現的意義，對於敘說者所要表達的議題亦有著聚焦的效果。反之，若透過小說創作將受苦的經驗表現出來，除了使得創作者自己沉溺於悲苦的情緒之中，也可能帶給讀者負向的情感轉移之風險，因此，我選擇了以故事敘說來呈現自己受苦的經驗，而不是單純以小說創作的方式對受苦的經驗提出控訴。

第四部分：回首創作心路歷程

（一）寄出了可以說是字字血淚、一次比一次還更賣力修飾的作品，在如釋重負之際，斗大的淚珠滑落臉頰，像是喜極而泣，又像是悲從中來。要有多麼大的勇氣和執著，才能堅持住將有如浴火重生的療傷旅程，以書寫公諸於世；想著作品問世那天，會有多少有緣的人們，能體會埋藏於字裡行間裡悲慟的力量。

一開始出現創作的想法時，仍未意識到這個過程會那麼的沉痛，在一個禮拜內敲出草稿四萬字的時候，天真地以為這件事很快就要完成了。從去年四月下筆至今，多少次都覺得自己是在自討苦吃，明明有那麼多的事情要做，卻額外消耗能量在這個任務之中。

將敘事從第三人稱轉為第一人稱的修改歷程，內在的掙扎無所遁形，無數個晚上的失眠，甚至偶爾吐出已經下嚥一段時間的食物，那些光是回憶就這麼難受的經驗，事件發生的當下，還那樣懵懂稚拙的自己，究竟是如何強忍巨大的悲傷，假裝什麼事情都沒有發生過，按部就班完成該做的事情？那也許是一種解離的防衛力量吧，但不想寫得那麼玄奇，因為是非典型的那種樣態。

每當快要放棄創作時，在我頭頂上有一種接收來自未知次元空間之訊息的管道就會突然打開，靈感湧現，推動著自己繼續把腦海中的記憶圖像敲成文字。每一次的再閱，都覺得那根本不是自己已習得的知識界域可以架構出來的樣貌，深沉到彷彿體內還住著另外一個靈魂，此生不會再一次想出一模一樣的文字組合，現在是這樣，過去也常常如此。

已故宗教音樂作詞家王建勛在一首名為〈慈悲〉的歌曲中有一段歌詞是這麼寫的：世界上許多苦惱的眾生，不知無常無我；相爭相鬥，自害害人，慈悲他們。他呀！正是菩薩要度的眾生！

但，好人、壞人、受苦的人、庸惡的人，誰是菩薩要度的眾生呢？若說境由心生，一切境遇都是內在狀態的投射，那麼誰要幫助誰、誰能拯救誰呢？

知足就是放下，原諒就是解脫，多麼輕巧的一句話，卻是許多人花費一輩子的工夫也學不會的課題；又，解不開，是誰的枷鎖？

（二）看著司法官考試的准考證，很佩服自己繞了這麼遠的路，見識人性的黑暗也體驗了疾病的無常，還有能量持續學習新的東西。求知若渴的狀態似乎不是與生俱來，但冥冥之中卻有一股力量推著自己用力轉彎。

常常開始自我懷疑為何要這麼執著時，腦中就會浮現多年前遇到的那位俠女氣質檢察官，她兢兢業業的神情、高層次的同理心、充滿洞見的引導，心裡仍覺得暖暖的，儘管當時並沒有勇氣將與被告認識的緣由都如實陳述，但她從片面資訊給予我的靈感，已足以使思緒混亂的我頓悟什麼是我能夠爭取的權利。

一切有關法律知識的摸索與學習，都是年過三十才從零開始，這條路對算是很有領悟力但習於圖像式思考的我而言，仍是漫長而艱辛的挑戰，很多責任和使命不因時機尚未成熟的夢想而停住，但想到有一天可以變得跟她一樣，有著因掌握知識、通徹經驗而有力量的沉穩，就有動力繼續耕耘。

從再遇未婚夫的事件完全落幕的那一天起至今已近七年，把曾熟識的人送進去關，當下感覺自己的心也被關在某個地方。勝訴，只是暫時告別了少女時期因愚昧無知而陷入無盡黑暗的自己，但在事件結束之前的兩年間，即使白天累得要命，晚上仍然不得安寧，經常睡著就被惡夢嚇到從床上滾下來，絕望地發現抗焦慮的藥物竟是一個騙局，壓不住我內在巨大的恐懼。有時出現了自己會死於藥物濫用的幻覺，幸好還是活著等到了曙光乍現的那一天，如夢初醒的念頭彷彿昨天才剛發生。

這些年來，看似平凡也充滿小確幸的生活中，仍然偶爾要跟深藏心中因若隱若現的舊傷浮出的感受微微交戰，有時混亂，有時清明，但這種感覺很好，代表它持續被允許清理、流動，而不是視而不見，任憑它以其他更腐敗、僵化的樣貌跟隨著自己往生命的終點走去。

書寫被遺忘的生命歷程，實為告別無來由悲傷的儀式，喚醒自己敏銳的天賦，才能真正成為一個人。

不需要再刻意忘記什麼，越是清楚地看見，越要好好地享受黑暗帶來的動力與信念；一輩子沒有很長，人也不定勝天，但在自己的時區裡，一切都會準時。

（三）完成這部作品，要感謝的人有很多。在寫作之初或尚未著手之前，原以為可以憑藉著自己單打獨鬥的力量將生命經驗的意義完整呈現出來，但自從在類催眠的情境中再度看見自己在改變的起點上所遇到的貴人——白雲老師，我便似有似無意識地主動與她聯繫，摸不清自己哪來的勇氣要與多年未聯繫的她談論一段如此深刻的創傷經驗，但透過電話與網路持續交談，白雲老師儘管一開始也未能明白我主動聯繫的目的，卻依然慷慨地以引導者的角色，使我得以安心地談論自己在事件發生當下那種被羞辱、被壓迫的感受，並偶然地以簡潔扼要但不帶有評價的回應，推動著我不斷去思索自己受苦經驗的意義。

在我完成大部分的寫作之後，並再度造訪山邊大學，面對面地與白雲老師就寫作歷程有了更加深入的對話，不但賦予了我在書寫上有更多的靈感，也使得我更進一步反思自己現階段的所學所為，如何再整合進入我的生命歷程之中。

白雲老師以其對受苦人們悲天憫人的情懷，以及對於人性正向力量的關注，使得我深刻地感受到她的專注所創造出來的療癒氛圍。此外，我也逐漸明白自己儘管已經脫離受苦經驗有很長的一段時間，但無論是基於自我整理之目的，或是寫作歷程中所再度經驗到的身心感受需要獲得抒發，越是想要有意識地面對經驗並呈現經驗，越是有必要使自己主動接近資源。在此並由衷感謝白雲老師願意在百忙之中，使我在書寫創傷經驗的這個當下，感受到了強而有力的精神支持。

以第三人稱的敘事完成了初稿，我開始嘗試投稿我所能找得到的出版社，其中，秀威出版社的尹懷君主編明確表示創作的議題很有價值，但尚未到達能夠面向大眾的樣貌，多次給予我在修改文稿上真誠而具體的建議，使我得以重新思考敘事寫作的核心精神。與此同時，我又想起研究所同學吳春賢（其實比較想稱呼她春賢姐，畢竟她還有與我年齡相距不遠的子女）曾經使我感到驚豔的反思寫作專長，當我將尹主編的建議與她分享，尋求她進一步的口頭指引時，她也幫助我發現了在初稿中被我遺忘的自我對話，是作品成熟度的一大要素。

接著，感謝推薦序作者群——慈濟大學林素芬老師、文藻外語大學陳靜珮老師、曾是研究所同學的孫婉萍社會工作師，以及曾是大學學姐的魏芊蕙臨床心理師。其中，素芬老師收到我的邀稿訊息，從以為只是臉友的關係到想起原來我們曾經認識的奇幻歷程，也是一段有趣的插曲，但在這個之前，就有她熟識的學生向我透露她會在課堂上分享我這個雲端朋友的生活價值觀，讓我感到受寵若驚，我心裡想著，這是多麼真誠且心思細膩的一位老師，我想找個途徑好好認識她；有了更進一步直接的連結後，她非常細心地閱讀我文字中非直接傳達給讀者的訊息，還熱心地提醒我文章裡的錯別字和邏輯失誤。靜珮老師是在連初稿都還沒有看過時就爽快地答應我要接下這個任務，也許曾經算是熟識，我明白她在真正看到文稿後的震撼，在百忙之中還非常辛苦地調適心情並客觀地寫下她的想法。婉萍同學是因為我觀察到她對於另類療法採取開放的態度，而認為可以直言自己習於接受非傳統言談治療的另類療法之療癒經驗。芊蕙學姐則是我自大學認識她以來，她就樂於回應我所分享的文字，使我能夠有更多創作的靈感和能量，並逐漸有信心透過書寫與人連結，同時在安全的情境中嘗試以言談表達自己。

最後，感謝時報出版社的謝鑫佑主編，當我今年首度投稿已大幅度修改的作品之後，在短短的五天內便回信告知決定採用，快速地聯繫我有關出版流程與簽約事宜，給予我這個素人作家一個完成出版心願的機會，雖然在這之後的半個月，秀威出版社也再度來信告知作品已評估可以出版。坦白說，當下我心裡是有點兒掙扎的，覺得愧對給我許多書寫建議的尹主編，但考量出版社的規模以及作品在市場上的能見度，還是維持與時報的合約。儘管如此，我仍必須讓有緣觸及此書的讀者甚至是對寫書出版也有興趣的人們知道，在電腦化的現代社會中已經式微的書籍出版業，仍存在願意幫助有潛力的素人作家完成寫書心願的出版社。

VP00107

失樂少女：一位娼妓倖存者告白

作　者—喵妹（顧紫安）
資深主編—謝鑫佑
校　對—謝鑫佑、吳如惠、喵妹（顧紫安）
資深企劃經理—何靜婷
美術設計—陳文德

董事長—趙政岷
出版者—時報文化出版企業股份有限公司
一〇八〇一九台北市和平西路三段二四〇號四樓
發行專線—（〇二）二三〇六六八四二
讀者服務專線—〇八〇〇二三一七〇五　（〇二）二三〇四七一〇三
讀者服務傳真—（〇二）二三〇四六八五八
郵撥—一九三四四七二四時報文化出版公司
信箱—一〇八九九台北華江橋郵局第九九信箱

時報悅讀網—http://www.readingtimes.com.tw
文化線粉專—https://www.facebook.com/culturalcastle/
法律顧問—理律法律事務所　陳長文律師、李念祖律師
印　刷—紘億印刷有限公司
初版一刷—二〇二一年十一月二十六日
定　價—新台幣三九〇元
（缺頁或破損的書，請寄回更換）

時報文化出版公司成立於一九七五年，
並於一九九九年股票上櫃公開發行，於二〇〇八年脫離中時集團非屬旺中，
以「尊重智慧與創意的文化事業」為信念。

失樂少女：一位娼妓倖存者告白 / 喵妹(顧紫安)著. -- 初版. -- 臺北市：
時報文化出版企業股份有限公司, 2021.11
面；　公分

ISBN 978-957-13-9605-7（平裝）
1. 娼妓 2. 特種營業

544.76　　110017606

ISBN 978-957-13-9605-7
Printed in Taiwan